GOLDMANN

In der Reihe »Sternzeichen der Liebe« von Linda Goodman sind folgende zwölf Einzelbände lieferbar:

Widder (11006)
Stier (11007)
Zwillinge (11008)
Krebs (11009)
Löwe (11010)
Jungfrau (11011)
Waage (11012)
Skorpion (11013)
Schütze (11014)
Steinbock (11015)
Wassermann (11016)
Fische (11017)

Linda Goodman

Sternzeichen der Liebe

Die Fische

Ihre Liebe – Ihre Partner

19. Februar – 20. März

GOLDMANN VERLAG

Originaltitel: Linda Goodman's Love Signs
Übertragen aus dem Amerikanischen vom Editorenteam
Burkhardt Kiegeland GmbH, München, und von Dr. Helga Zoglmann, Wien

Für die Grenzfälle, bei denen die angegebenen Daten
für ein Tierkreiszeichen von den gewohnten abweichen,
verweisen wir auf die Erläuterungen des Kapitels
»Ihr Sonnenzeichen«, Seite 34 ff.

Made in Germany · 12/87 · 1. Auflage

Die gebundene Ausgabe in zwölf Einzelbänden (deutschsprachig)
erschien im Scherz Verlag, Bern-München-Wien
Umschlaggestaltung: Design Team München
Umschlagillustration: Gertraud Funke
Druck: Elsnerdruck, Berlin
Verlagsnummer: 11017
JJ · Herstellung: Heidrun Nawrot
ISBN 3-442-11017-3

Inhalt

Vorwort

Es gibt wohl kaum ein geselliges Beisammensein, bei dem nicht unweigerlich eine Frage wie diese auftaucht: »Wie vertragen sich Schütze und Fisch?« In Radio, Fernsehen und Zeitungsinterviews sind Astrologen immer wieder mit Fragen konfrontiert wie: »Mein Mann ist ein Löwe, und ich bin ein Wassermann. Ist dies der Grund, warum wir uns so oft streiten?« – oder »Welches Sternzeichen sollte ein Zwilling heiraten?«

Jedermann möchte die Grundregeln für das Harmonieren der Sonnenzeichen kennen, und es ist durchaus die Zeit und Mühe wert, zwei Horoskope auf ihre Verträglichkeit hin zu vergleichen. Entdeckt man eine im Trigon*, Sextil oder in Konjunktion stehende Beziehung zwischen den Sonnenzeichen eines Paares, eine im Trigon, Sextil oder in Konjunktion stehende Beziehung zwischen den Sonnen- und Mondzeichen (die Zeichen, durch die Sonne und Mond zur Zeit der Geburt zogen) der beiden, kommt dann noch eine positive Wechselwirkung der Aszendenten-Zeichen mit den Planeten hinzu, so gewinnt Liebe an Tiefe. Jede Liebe ist fähig, Wünsche in Realität zu verwandeln, aber die Liebe zwischen zwei Menschen, deren persönliche Auren so harmonisch verbunden sind, schafft jenen emotionalen Gleichklang, den die Dichter besingen.

Denkt man an die Millionen Paare auf der Welt, die versuchen, gemeinsam Erfüllung und Zufriedenheit zu finden (oder schon gefunden haben), an jene, die einander schwerste Prüfungen auferlegen, so verwundert es nicht, daß diese vollkommen

* Alle astrologischen Begriffe werden in einem alphabetischen Verzeichnis auf Seite 174 erläutert.

miteinander harmonierenden Menschen esoterisch als »Seelen-Partner« oder »Zwillingsseelen« bezeichnet werden.

Es geschieht oft, daß ein Mann und eine Frau schon beim ersten Zusammentreffen in den Augen des Gegenüber die andere Hälfte ihres Selbst erkennen. Die Augen werden zu Recht »die Fenster der Seele« genannt. Sogar die Stimme ist dem Ohr des anderen vertraut, wie der Klang einer unvergeßlichen Melodie. Beinahe im ersten Augenblick des Zusammentreffens, wenn sich beide das erste Mal ansehen, fliegen ihre Seelen in freudigem Erkennen aufeinander zu, – Konvention und Sitte, alle gesellschaftlichen Verhaltensregeln mißachtend, getrieben von einem höheren Wissen, das sich nicht unterdrücken läßt. Auf unerklärliche Weise, oft ohne auch nur ein Wort darüber zu verlieren, wissen sie, daß sie nur durch den anderen hoffen können, Ganzheit zu finden – nur wenn sie zusammen sind, können sie beide in jeder Hinsicht vollkommen werden.

Ein Mann und eine Frau, die Seelen-Partner sind, brauchen die Worte »Ich liebe Dich« nicht auszusprechen, da sie ganz sicher wissen, daß sie für alle Ewigkeit zueinander gehören. Die Worte der Hochzeitszeremonie: »Was Gott zusammengefügt hat, das soll der Mensch nicht scheiden«, beziehen sich darauf. Doch ist diese Warnung nicht nötig, sondern nur ein symbolisches Ritual, da kein Mensch die Zwillingsseelen trennen kann, nicht einmal die Betroffenen selbst. Noch kann es irgendeine Energie des Universums. Die Kraft, die sie aneinander bindet, ist allmächtig und unzerstörbar. Die Bindung kann vielleicht geschwächt, die endgültige Vereinigung aufgeschoben werden, aber eine Trennung für immer wird es nie geben.

Diese Art spontaner Zuneigung wird oft »Liebe auf den ersten Blick« genannt; sie ist keine Laune des Schicksals, sondern sehr real. Es ist mehr als nur ein seltsamer Zufall, daß Zwillingsseelen in dieser großen, weiten Welt irgendwann zusammenfinden. Daß sich ihre Wege kreuzen, wurde auf einer höheren Stufe des Bewußtseins vorausbestimmt. Es sind gewisse geistige Energien am Werk, die ihr Treffen herbeiführen, so sicher wie der Wandertrieb der Vögel und das Wiederkehren der Kometen von einem ähnlichen universalen Gesetz regiert werden. Ihre Begegnung wird durch das Karma bestimmt, das nichts anderes ist als die Gesamtsumme aller Ursachen, die in der Vergangenheit in Bewegung gesetzt wurden – und diese bestimmen die Gegenwart.

Die Frage, welche besonderen Planeten-Einflüsse in der Nativität (Horoskop und Geburtsgraphik) zweier Menschen dem Astrologen zeigen, daß es sich um Zwillingsseelen handelt, ist zu kompliziert, als daß sie in diesem Buch in allen Einzelheiten erklärt werden kann. Wenn wir annehmen, daß solche Planeten-Einflüsse in den jeweiligen Horoskopen von Liebenden gegenwärtig sind, werden uns die Horoskope enthüllen, daß die beiden unweigerlich zueinanderfinden werden.

Während der ermüdenden Suche nach der Zwillingsseele wird es viele Fehlschläge geben, viele Beziehungen, die zuerst echt scheinen, dann aber zu Desinteresse und Langeweile verblassen. Sogar dann, wenn der Seelen-Partner schließlich entdeckt ist, kann es noch zu Komplikationen und quälender Ungewißheit kommen, was wiederum zeitweise seelischen Schmerz verursacht. Nur in fortwährender und beständiger Ausübung von Toleranz und Vergebung kann dieser Schmerz gelindert werden. Wer Leid zufügt, um sich für erlittenes Leid zu rächen, wird in der Zukunft durch das Wirken des Karmas nur neues Leid erfahren.

Manchmal erscheinen die Probleme zweier Menschen, die einander lieben, riesengroß, erscheint die Wand, die sie voneinander trennt, unüberwindlich. Doch ihre Probleme können gelöst werden durch die Liebe, die geheimnisvolle Macht, die allen eigen ist, die lieben, ohne daß sie sich dessen bewußt werden. Mag das zugefügte Leid auch noch so groß gewesen sein, die Liebe wird alles auslöschen, als wäre nichts geschehen. Dies tritt jedoch nicht ohne den Wunsch und die Anstrengungen dessen ein, der den Schmerz verursacht hat – und nicht ohne das Vergeben von seiten desjenigen, der so tief verletzt wurde. Wunsch, Anstrengung und Vergeben – diese drei zusammen sind nötig, um Kraft und Macht der Liebe freizusetzen.

Diejenigen, die wirklich lieben und innig mit der anderen Hälfte ihres Selbst verbunden sind, haben nicht den Wunsch, Kriege zu beginnen oder andere zu beherrschen. Wie die alles überwindende Liebe von Romeo und Julia sogar noch im Tod die Macht hatte, die Feindschaft zu beenden und die miteinander im Streit liegenden Capulets und Montagues zu versöhnen, so soll auch die ekstatische Verbindung von allen liebenden Zwillingsseelen die gleiche Kraft haben, die Menschheit zu vereinen, allen Erdenbürgern dauerhaften Frieden und Wohlergehen zu bescheren.

Leider wird heutzutage Liebe viel zu oft mit ausschweifender Sexualität gleichgesetzt.

Sex ist keine »Sünde«, nur der Mißbrauch seiner Energien ist eine Versündigung gegen das eigene Selbst. Sexuelle Vereinigung ist die Ekstase der »Tiefe«, die von denen entdeckt wird, die lieben. Es ist einfach eine Frage der Prioritäten. Zuerst verliebt man sich mit den Augen, dann mit dem Verstand, danach mit dem Herzen (Emotionen). Und von da an teilt die Seele diese Erfahrung – ob man es merkt oder nicht, man hat sich geistig »verliebt« –, und es ist an der Zeit, daß man sich mit dem Körper verliebt.

Es wird nicht gutgehen, wenn es in umgekehrter Reihenfolge geschieht; denn nur die Augen wissen, wie sie einen zu dem Geist des anderen führen, auf den man blickt. Nur der Verstand weiß, in das Herz des anderen zu leiten, mit dem man eine geistige Verwandtschaft gefunden hat. Nur das Herz kann einen zur Einheit mit der Seele dessen bringen, den man liebt. Und nur die Seele kann in die Ekstase der sexuellen Vereinigung führen, um »ein Körper« zu werden.

Aber wenn Sie mit dem Körper beginnen . . . Der Körper weiß nicht, wohin er Sie führen kann, außer in noch größere fleischliche Lust, die in sich selbst nicht die Kraft hat, die Sehnsucht der Liebe zu erfüllen oder den tieferen Hunger der Liebe zu stillen – eine Lust, die, nach bestimmten physiologischen Gesetzen, schließlich nur dazu führt, daß man immun gegen Sinnesempfindungen wird, immer mehr Stimulierung braucht – bis am Ende, wie bei Drogen, sogar dafür die Toleranzgrenze erreicht wird und man zu gar keinen Gefühlen mehr fähig ist. Benutzt man den Körper nur als Instrument für Sex allein, ohne Liebe, ist es so, als höre man eine Sinfonie in Stereo, aber mit nur einem Lautsprecher.

Es gibt keinen Traum, der nicht Realität werden, kein Gesetz, das man nicht ändern, keine Situation, die man nicht auf den Kopf stellen könnte – wäre man nur imstande zu lieben. Genug lieben ist nicht einfach. Genug lieben heißt nicht, nur diejenigen lieben, die einen selbst lieben, die freundlich, rücksichtsvoll und großzügig sind. Genug lieben heißt auch diejenigen lieben, die einem Böses nachsagen, die einen hassen, und die diesen Haß auch deutlich ausdrücken, denen es offensichtlich an jeglichem Mitgefühl und jeglicher Empfindsamkeit mangelt. Jedermann kann Liebe denen geben, die ihn selbst lieben. Doch diese Art Liebe vermag keine Berge zu versetzen; auf sie sollte man nicht stolz sein. Wir sind auf Erden, um die tiefere und schwierigere Lektion der Liebe zu lernen, daß man die Ungeliebten lieben muß. In dieser Leistung liegt all die Kraft und Energie für wahre Leidenschaft.

In astrologischen Begriffen ausgedrückt, ist es für Löwen und Widder, für Stier und Steinbock keine große Mühe, sich zu lieben. Will ein Widder jedoch mit einem Krebs, ein Löwe mit einem Skorpion, ein Stier mit einem Wassermann Harmonie erreichen, so erfordert dies jene tiefere Liebe.

Dieses Buch unternimmt den Versuch, diejenigen zu leiten, die das Glück haben, mit Menschen aus verträglichen Sonnenzeichen vereint zu sein – aber auch jenen den Weg zu Toleranz und Harmonie zu zeigen, deren Schicksal es ist, mit Menschen entgegengesetzter Sonnenzeichen zusammenzuleben.

Sogar bei zwei Menschen, deren Sonnen- und Mondzeichen harmonisch stehen, gibt es immer wieder einige Planeten in den Geburtshoroskopen, die nicht harmonieren und dadurch Reibungen und Spannungen verursachen.

Wer von uns ist nicht bisweilen wenig liebenswürdig? Sind wir es nicht sogar meist dann, wenn wir uns im geheimen nach Liebe sehnen und der Liebe am meisten bedürfen? Wie schön ist es dann, wenn uns jemand Zuneigung schenkt, zu dem wir unfreundlich waren ... Wenn wir uns entschuldigen wollen und darauf zu hören bekommen, man habe uns längst verziehen.

Harmonie ist so einfach zu erreichen – nämlich mit alles verzeihender Liebe!

Die zwölf Grunderfahrungen in der Liebe

Auf jeder der folgenden Erfahrungsstufen ist jeder Mensch in der Lage, anderen die erstgenannte Eigenschaft zu geben und zu *lehren*, während es ihn viel Mühe kostet, die an zweiter Stelle genannte Eigenschaft zu *lernen*. Die Seele muß diese ersten sechs Grunderfahrungen mehrmals durchlaufen:

Widder das Neugeborene	»ich bin«	*lehren*, daß Liebe Unschuld bedeutet, und *lernen*, daß Liebe Vertrauen ist
Stier das Baby	»ich habe«	*lehren*, daß Liebe Geduld bedeutet, und *lernen*, daß Liebe Vergeben ist
Zwillinge das Kind	»ich denke«	*lehren*, daß Liebe Bewußtsein bedeutet, und *lernen*, daß Liebe Gefühl ist
Krebs das Kind in der Pubertät	»ich fühle«	*lehren*, daß Liebe Verehrung bedeutet, und *lernen*, daß Liebe Freiheit ist
Löwe der Teenager	»ich will«	*lehren*, daß Liebe Ekstase bedeutet, und *lernen*, daß Liebe Bescheidenheit ist
Jungfrau der Erwachsene	»ich analysiere«	*lehren*, daß Liebe Reinheit bedeutet, und *lernen*, daß Liebe Erfüllung ist

Hat der Mensch beim Durchlaufen dieser ersten sechs Entwicklungsstufen emotionale Reife erlangt, muß er mehrmals die zweiten sechs Grunderfahrungen machen, um die tiefere geistige Bedeutung der Liebe zu erkennen:

Waage Ehe	»ich gleiche aus«	*lehren,* daß Liebe Schönheit ist, und *lernen,* daß Liebe Harmonie ist
Skorpion Sex	»ich verlange«	*lehren,* daß Liebe Leidenschaft ist, und *lernen,* daß Liebe Verzicht ist
Schütze Wissen	»ich sehe«	*lehren,* daß Liebe Ehrlichkeit ist, und *lernen,* daß Liebe Treue ist
Steinbock Erfahrung	»ich benütze«	*lehren,* daß Liebe Weisheit ist, und *lernen,* daß Liebe selbstlos ist
Wassermann Idealismus	»ich weiß«	*lehren,* daß Liebe Toleranz ist, und *lernen,* daß Liebe Einheit ist
Fische Unterwerfung	»ich glaube«	*lehren,* daß Liebe Mitgefühl ist, und *lernen,* daß Liebe alles ist

Um so schließlich zu verstehen: Liebe ist ewig.

Da der Mensch Eigenschaften von anderen Sonnenzeichen in seine eigene Persönlichkeit aufnimmt – einige lehrt, andere dafür lernt –, hat er die geistige Verpflichtung, die positive Integrität seines eigenen Sonnenzeichens zu bewahren und auch dieses Recht bei anderen zu respektieren. Der Löwe braucht seine Würde, der Krebs muß sich an Sicherheit klammern. Der Steinbock verehrt Tradition, und der Zwilling braucht seine Freiheit. Jeder muß das Motto des Wassermann-Zeitalters »leben und leben lassen« befolgen, jeder muß er selbst sein und erkennen, daß die anderen auch sie selbst sein müssen. Der erste Schritt zur Erkenntnis der elementarsten Bedeutung der Liebe ist zu lernen, die Sonnenzeichen-Eigenschaften, die sich von Ihren eigenen unterscheiden, zu tolerieren und nicht zu verurteilen.

Die zwölf Geheimnisse der Liebe

Liebe ist das tiefste Verlangen von Mann und Frau. Es ist nicht die Bedrohung durch Krankheit und Armut, die den menschlichen Geist zerstört, sondern die Angst, daß niemand da ist, der sich wirklich sorgt – niemand, der wirklich versteht. Wir suchen alle nach Liebe, wie gesund, wohlhabend oder weise wir auch sein mögen, da die Alternative dazu nur Einsamkeit ist. Warum ist andauernde, gemeinsame Liebe so schwer faßbar? Um eine vollkommene und ständige Vereinigung mit der anderen Hälfte (der Zwillingsseele) zu erreichen, müssen Mann und Frau die Lektionen der zwölf Sonnenzeichen lernen. Sie müssen die Weisheit der zwölf Geheimnisse der Liebe beherrschen, bevor sie eine vollkommene Harmonie erreichen. In unserer Sehnsucht nach Liebe liegt unsere verborgene metaphysische Weisheit, das Geheimnis des Lebens selbst.

Jedes Sonnenzeichen enthält eine Kraft, die sich in Schwäche kehren und eine Schwäche, die in Kraft umgewandelt werden kann, durch das Gesetz der positiv-negativen Polarität. Was ist die Sturheit des Stiers schon anderes als umgekehrte Geduld? Ist die Impulsivität des Widders nicht die negative Seite des positiven Mars-Muts des Widders? Wird der Löwe den großen Stolz und die Vornehmheit des Löwe-Sonnen-Geburtsrechts für den positiven Zweck nutzen, die Hilflosen zu beschützen, oder für den negativen Zweck, ein arroganter Tyrann über die Wehrlosen zu sein? Wird die vernünftige Krebs-Vorsicht in Ängste und Phobien ausarten? Werden das Mitgefühl und die Bescheidenheit des Fisches sich in die negativen Neptun-Aspekte, Enttäuschung, Introversion und Weltflucht verwandeln? Die Wahl unserer Sonnenzeichen-Polaritäten liegt nur an uns.

Das Liebesgeheimnis des Widders

Die Widder-Seele, symbolisch neugeboren, steht in Bezug zu Dämmerung, Sonnenaufgang, Frühling und Ostern – oder zur Wiederauferstehung vom »Tod« im vorhergehenden Zeichen Fische.

Wie ein menschlicher Säugling, der vollkommen in sich selbst vertieft ist, entdeckt die Widder-Seele mit größter Freude ihre eigenen Finger und Zehen – ihr eigenes physisches Wesen. Um alle Wünsche zufriedenzustellen, ist nur ein einzelner, lauter Schrei nötig, der von den Älteren umgehend gehört und beantwortet wird. Der Säugling bezweifelt oder fürchtet nichts und niemand, aus dem einfachen Grund, weil ihm noch nie etwas verweigert wurde. So besitzt auch die »Säuglings«-Seele des Widders ein natürliches Vertrauen und einen unerschütterlichen Glauben in die unsichtbaren Kräfte der Güte, die ihm auf geheimnisvolle Weise alle seine Wünsche erfüllen werden.

Auf der Erde ist diese wohltätige Macht durch die Eltern repräsentiert, die zärtlich auf ihren Säugling sehen und ihn vor seiner eigenen Naivität schützen, indem sie ihm weise einige seiner Wünsche verweigern, die er in dem erregten Bewußtsein äußert, daß er ist – daß er geboren wurde, daß er anwesend ist. Die Seele des Widders fühlt: »Ich bin« oder »Ich existiere«. Und wie der symbolische Säugling sind Widder-Mann und -Frau auch blind gegenüber möglichen Unfällen, Schmerzen und Grausamkeiten auf dem Lebenspfad. Er oder sie lernt diese Erfahrungen durch diejenigen kennen, die bereits weiter fortgeschritten sind im Entwicklungsprozeß und eine gewisse Härte, Argwohn und den Überlebensinstinkt erworben haben.

Der Widder-»Säugling« muß wie der wirkliche Säugling die schmerzliche Erfahrung enttäuschten Vertrauens machen. Mangelt es ihm, dem Neugeborenen, an freundlicher Zuwendung und Mitgefühl, fühlt es sich verlassen, ist es schockiert, verängstigt – und schreit dann um so mehr nach Zuwendung. Auf gleiche Art (und aus den gleichen Gründen) braucht und sucht die Seele der desillusionierten Widder-Männer und -Frauen Anerkennung, fordert dabei aber bisweilen Ablehnung heraus als heftige, gefühlsmäßige Reaktion auf Vernachlässigung.

Die positiven Eigenschaften des Widders sind herzbewegende Unschuld und Staunen, blindes Vertrauen und Mut. In negativer Form können sie zu selbstsüchtigem Egoismus, Gedankenlosigkeit, Aggressivität und impulsivem Handeln, ohne Rücksicht auf Konsequenzen, führen.

Für die Seele des Widders ist die Liebe eine Notwendigkeit des Lebens, die als selbstverständlich hingenommen wird. Daher wird Liebe instinktiv erwartet und freudig akzeptiert, doch mit wenig Verständnis dafür, wie man sie zurückgibt. Der Widder verlangt nach Liebe, da er, wie ein Kind, ohne Liebe sterben würde. Wenn emotionelle Verlassenheit (symbolisch) den Tod bedeuten kann, so kann beim Widder schon das leiseste Gefühl von Verlassenheit zu einer ungerechtfertigten Panikreaktion führen, die man nur durch wiederholte Beweise von Zuneigung abschwächen kann. Der Widder muß unaufhörlich daran erinnert werden, daß, »wenn der Winter kommt« ... der Zauber des Frühlings nicht weit sein kann.

Das Liebesgeheimnis des Stiers

Die Stier-Seele ist symbolisch ein gesundes, pausbäckiges Baby, das gelernt hat, zu gewohnten Stunden zu schlafen.

Es schreit jetzt nicht mehr ohne Grund aus Furcht oder Einsamkeit. Auch macht es sich nicht mehr so lautstark mit seinen Wünschen bemerkbar wie das Widder-»Neugeborene«. Es hat entdeckt, daß sein Verlangen von seinen Eltern gestillt wird. Wie das menschliche Baby ist die Seele im Stier-Stadium damit zufrieden, ruhig und geduldig in seinem Kinderstuhl zu sitzen und auf sein tägliches Brot mit stiller, vertrauender und sicherer Erwartung zu harren.

Auch hat der Stier gelernt, wie man durch gutes Benehmen mehr Vergnügen, mehr Gefälligkeiten von den »Eltern« oder anderen Erwachsenen erschmeichelt. Lächeln und Gehorsam werden belohnt, und der Stier vergißt nicht, was er einmal gelernt hat, wie schmerzhaft und langwierig es auch war. Da er im wesentlichen noch nichts von alledem, was außerhalb seiner unmittelbaren Umgebung geschieht, aufnehmen kann, findet der Stier-Mann oder die Stier-Frau (ebenso wie das symbolische Baby) das Glück eher im Familienkreis und im Greifbaren – in dem, was vertraut ist – als in der seltsamen und lärmenden Welt da draußen.

Das Stier-»Baby« entdeckt die Freude, die Sinne des Geschmacks, des Sehens, Hörens, Riechens und Berührung zu benutzen.

Weil Besitz Glück bringt, ergreift ihn der Stier, liebkost ihn, findet daran Gefallen, ihn sein eigen zu nennen. Der Stier sagt: »Ich habe«. Der Stier ist stark vom körperlichen Kontakt mit geliebten Personen abhängig. Der von Venus beherrschte Stier versteht Zuneigung nur, wenn er fühlen kann, daß sie existiert. Das Baby ergreift Besitz von seinen Spielsachen und von der Aufmerksamkeit der Eltern, grämt sich über jeden materiellen und ideellen Verlust, weigert sich stur, etwas von seinem Besitz an andere abzugeben. Genauso verhält sich der männliche oder weibliche Stier auch hinsichtlich des Bankkontos und Lebenspartners.

Die positiven Eigenschaften des Stiers sind Willensstärke, Geduld, Standhaftigkeit und Überzeugung. In negativer Form drückt sich dies in Eigensinn, blinder Voreingenommenheit und Unvernunft aus.

Dem fröhlichen Baby, symbolisch für die Stier-Seele, bedeutet Liebe physische Zuneigung. Da das Baby Liebe mit Vergnügen und Glück assoziiert, sonnt auch der Stier sich in ihr mit unkomplizierter Wertschätzung. Aus diesem Grund akzeptiert und gibt der Stier die Liebe mit den Sinnen –, aber er muß erst lernen, ihren wahren Wert und ihre wahre Bedeutung zu verstehen.

Das Liebesgeheimnis der Zwillinge

Der Zwilling befindet sich symbolisch in der Welt des Kleinkinds. Wie dieses wird er sich seiner eigenen Mentalität bewußt, wird sich darüber klar, daß er nicht allein im Universum ist. Die Kinder-Seele des Zwillings lernt sich mitzuteilen, indem sie spricht, Worte formt und sie aneinanderreiht, während Eltern und andere aufmerksam zuhören und sich an jedem neuen Laut erfreuen. Sprechen macht Spaß, da man dadurch alle Aufmerksamkeit auf sich zieht. Auch kann er zur Plätzchen-Dose kriechen, krabbeln oder gehen und sich selbst bedienen, ohne daß er wie der Widder schreien oder wie der Stier warten muß, und diese Erfahrung ist berauschend. Der Zwilling ist erregt von dem Wissen, daß er zupacken kann – »Ich denke« ruft er der Welt in großer Erregung zu.

Das symbolische Kind-Stadium des Bewußtseins lehrt die Zwillings-Seele, daß es zwei Seiten des Charakters gibt – eine Zweiheit oder Polarität, die in Einklang gebracht werden muß, bevor man erfolgreich mit anderen umgehen kann. Da der Zwilling sich plötzlich nach Vergnügungen außerhalb des Hauses und der Familie sehnt, lädt die Welt die Zwillings-Männer und -Frauen ein, sie zu erforschen. Mit der geistigen Fähigkeit, zu urteilen und zu folgern – Bezüge herzustellen –, beginnt der Zwilling, sich nach Dingen jenseits dessen, was er bis jetzt gesehen hat, zu sehnen und davon zu träumen.

Zur Hälfte ist die Zwillings-Seele noch ein unsicheres Baby, das das Vertraute braucht. Zur Hälfte ist sie das sehnsuchtsvolle Kind, neugierig auf die vielen unentdeckten Wunder, gerade außerhalb der unmittelbaren Reichweite. Und so experimentiert diese Doppel-Persönlichkeit mit hellen Augen und hoffnungsvollem Herzen. Jeder neue Tag bringt dem Geist des Zwillings faszinierende Erkenntnisse, vergessen sind die Spielsachen und die beschützende elterliche Zuneigung.

Die positiven Eigenschaften des Zwillings sind Vielseitigkeit, geistige Wachsamkeit, schnelles Wahrnehmungsvermögen, geschicktes Urteilen und Beweglichkeit. In der negativen Form kommt dies zum Ausdruck durch Ruhelosigkeit, Geschwätzigkeit, Oberflächlichkeit, Doppelzüngigkeit, Unzuverlässigkeit und Selbsttäuschung.

Für das Zwillings-»Kind« hat die Liebe etwas von ihrem Zauber verloren. Es braucht sie mehr, als es glaubt, doch gibt es etwas Aufregenderes zu suchen als die Liebe. Es ist die Liebe, die einen hindert wegzulaufen. Liebe ist angenehm, aber sie schränkt auch ein. Zwillings-Männer und -Frauen haben nie aufgehört, sie zu brauchen oder nach ihr zu verlangen, doch wenn sie zu einem Hindernis für die Freiheit wird, werfen sie sie hastig über Bord, vergessen sie die Wärme und Sicherheit, die sie spendet – und machen sich keine Gedanken darüber, daß sie möglicherweise Schiffbruch erleiden und dann den Weg zurück nach Hause nicht mehr finden können.

Das Liebesgeheimnis des Krebses

Die Krebs-Seele ist dem Kind in der Pubertät zu vergleichen, das zwischen Kindheit und Reife schwankt, sich danach sehnt, erwachsen zu werden und doch noch zögert, zur anderen Seite überzuwechseln. Die launische, sensible Seele des pubertären Kindes pendelt zwischen kindlicher Abhängigkeit und der verlockenden Welt des Erwachsenseins hin und her. (Wie ist es wohl, Mann oder Frau zu sein?) In der symbolischen Pubertätsphase beobachtet die Krebsseele die Erwachsenen (Menschen) in der Umgebung, ist ungeheuer aufnahmefähig für alles Gesehene und Gehörte. Doch diese erwachsene, materielle Welt, die sie so intensiv beobachtet, deutet auch auf häufige Desillusionen hin.

Und so sind die Träume des Krebses gestört und lassen ihn in der Nacht weinen; er holt seinen alten Teddybären aus dem Schrank und umarmt ihn, wenn niemand zusieht. Den Krebs verwirren seine wechselhaften Launen selbst ebenso wie seine Familie. Aber seine Ängste sind sehr wirklich für ihn. Er befürchtet, daß Reife für ihn den Verlust an Sicherheit, die er von seiner Familie, besonders aber von seiner Mutter, kennt, bedeutet. Werden Fremde jemals soviel Aufhebens um ihn machen oder ihn so bedingungslos lieben wie seine Mutter? Er beginnt zu argwöhnen, daß sie es nicht tun werden.

Unfähig, diese Befürchtungen zu erklären, wird der Krebs verschwiegen und träumt allein – oder er versteckt sich und schmollt und bildet sich ein, daß niemand ihn versteht. Der Krebs hat schon gelernt, was Verlust bedeutet. Vielleicht sind Freunde aus seinen Kindheitstagen umgezogen, hat die Familie die Wohnung gewechselt, ist die altvertraute Nachbarschaft verlorengegangen. Das Leben ist nicht mehr so aufregend, wenn der Krebs die verborgenen Fallen spürt. Der »pubertäre« Krebs-Mensch weiß, das Erwachsenwerden auch unerwarteten Schmerz bringen wird, also klammert er sich an das, von dem er glaubt, er könne darauf vertrauen – das Gestern.

Da die neuen Wahrnehmungen so deutlich sind, sieht der Krebs im Leben eine Kombination von Tragödie und Komödie. Trotz ihrer angeborenen Schüchternheit wird sich die Krebs-Seele nicht in den Hintergrund drängen lassen, denn unerklärliche Furcht kann in vernünftige Vorsicht umgewandelt werden. Gefühle rühren die Seele des Krebses zu Tränen. Angetrieben von dem Verlangen, wahre Gefühle zu verbergen, sagt er: »Ich fühle« – dann, damit niemand auch nur annimmt, daß er so tiefe Gefühle hat, wird er Witze machen und dabei glauben, die Leute täuschen zu können. Wenn er nicht zärtlich behandelt wird, kann der Krebs-Mann oder die Krebs-Frau eine harte und schützende Schale gegen die grausame Welt entwickeln.

Die positiven Eigenschaften des Krebses sind Phantasie, Zähigkeit, Zärtlichkeit, Sensibilität, Fürsorge und Vorsicht. In der negativen Form kommen sie zum Ausdruck in Geiz, Reizbarkeit, Melancholie, übertriebener Anhänglichkeit und Feigheit, Besitzgier und Launenhaftigkeit.

Für den Krebs, wie auch für das unsichere und sentimentale Kind in der Pubertät ist die Liebe wichtig; er stellt sie über alles. Sie ist gleichbedeutend mit dem Heim, das emotionelle Sicherheit darstellt, und das Verlangen nach Liebe ist so groß, daß er glaubt, es vor anderen verbergen zu müssen.

Das Liebesgeheimnis des Löwen

Die zwischen Kindheit und Erwachsensein schwankende Seele des Krebses, des Kindes in der Pubertät, wird unter dem Einfluß des Löwen plötzlich zum Teenager, der sich seines Selbst bewußt geworden und stolz auf seine Persönlichkeit ist. Der Löwe weiß (oder glaubt zu wissen), wer er ist. Die Welt gehört dem Löwen – oder der Löwin – und so blickt der Löwe »Teenager«

auf sein Bild im Spiegel, bewundert, was er sieht, und macht das feierliche Versprechen: »Ich will.«

Der Idealismus der Jugend bewegt das Herz des Löwen, die erwachende Sexualität versetzt sein Blut in Wallung. Beides sind starke Triebe, die Zweifel an der eigenen Persönlichkeit mit sich bringen, die er aber unter der nach außen zur Schau getragenen Selbstsicherheit verbirgt. Der Löwe weiß sein Selbstvertrauen richtig einzusetzen, gebraucht es, um andere zu belehren, übernimmt die Verantwortung für sein eigenes Leben und herrscht über die, welche den Schutz des Löwen brauchen. Doch sucht der Löwe genau wie der wirkliche Teenager, immer noch Bestätigung in Form von Schmeichelei, kuscht im geheimen, wenn er lächerlich gemacht wird, weil er noch nicht ganz erwachsen ist – trotz aller Selbstsicherheit.

Der Löwe bringt denen mitfühlende Rücksichtnahme entgegen, die verletzbarer sind als er. Obwohl er gelernt hat, seine Feinde zu tolerieren und ihnen zu vergeben, hat er noch nicht gelernt, die Weisheit der Älteren zu respektieren. Wie der wirkliche Teenager glaubt der Löwe, alle Antworten zu kennen, und reagiert ungehalten auf die, die seine neuen, weltlichen Erkenntnisse in Frage stellen. Die Löwen-Seele verehrt die Sonne, da die Sonne ihr Geburtsherrscher ist, die Quelle allen Lebens – und ihrer eigenen Kraft. Der Löwe bewundert und wird bewundert, er liebt und wird geliebt. Wenn das gesellschaftliche Leben beginnt, beginnen auch die Freuden der romantischen Liebe zu keimen . . . und schließlich zu blühen. Die Liebe der Jugendzeit bringt dem Löwen-»Teenager« Begeisterung wie Enttäuschung. Die Macht seiner Männlichkeit (oder Weiblichkeit) gibt dem Löwen das Gefühl von Würde und Wichtigkeit – durch das andere Geschlecht. Die Verantwortung der Reife wird gespürt, aber noch nicht als Last empfunden. Leben ist nur eitel Sonnenschein, die düstere Vergangenheit liegt zurück, das Wunder der Zukunft liegt vor ihm – und die Gegenwart ist eine Zeit für Vergnügen und Entspannung. Der Löwe glaubt, daß die Welt seine neugefundene Weisheit braucht, und er gibt sie mehr als gern.

Die positiven Eigenschaften des Löwen sind Herzenswärme, Großzügigkeit, Edelmut, Treue, Führungskraft und eine besänftigende, liebevolle Zärtlichkeit – das beschützende Charisma des älteren Bruders oder der Schwester, des Stärkeren für den Schwächeren. In der negativen Form drücken sie sich aus in Arroganz, falschem Stolz, Eitelkeit, Tyrannei, Hochmut.

Für den Löwen als symbolischem Teenager bedeutet Liebe romantisches Verliebtsein, das Hohelied der Minne, die Erfüllung aller Ideale und Schönheit. Der Löwe ist »in die Liebe verliebt« und in sich selbst. Der Löwe schenkt großzügig Zuneigung, weil dies ihm die Genugtuung gibt, so königlich großmütig zu sein, und ihm den Dank und Respekt des so Beschenkten einbringt. Er ist entrüstet, wenn die Liebe es verlangt, daß er sich demütigen läßt – da er deren tieferen Sinn und die von ihr geforderte Aufgabe des »Selbst« noch nicht verstehen kann.

Das Liebesgeheimnis der Jungfrau

Die Jungfrau (deren tieferes Selbst von flüchtigen Romanzen der Jugendzeit unberührt geblieben ist) wird daran erinnert, daß Reife auch ernste Pflichten und Verantwortung mit sich bringt. »Ich analysiere« sagt die Jungfrau abwehrend und bemüht sich um Vollkommenheit.

Die Jungfrau-Seele ist wie ein Erwachsener, der von dem Zwang, sich den gesellschaftlichen Regeln und Beschränkungen anpassen zu müssen, frustriert ist, sich ihnen jedoch mit angeborener Höflichkeit unterwirft. Diese Männer und Frauen haben entdeckt, daß sie auch anderen irgendwie dienen müssen, wenn sie ihre eigenen Bedürfnisse befriedigen wollen. Der Einfluß der Jungfrau lehrt sie, daß man arbeiten und Geld verdienen muß – daß man anderen nützlich sein muß –, um Freiheit für das Vergnügen zu bekommen. Uhren und Zeitpläne spielen eine wichtige Rolle. Die erste Arbeit ist enttäuschend. Ideen und Ideale müssen den Anforderungen der Arbeit oder Schule unterworfen werden. Jetzt ist zum Träumen keine Zeit mehr. Die Aufmerksamkeit der Jungfrau konzentriert sich auf schulische Leistungen und versucht, mit dem heftigen Konkurrenzkampf des Geschäftslebens Schritt zu halten. Lernen und Wettbewerb werden lebenswichtig.

Wie auch der tatsächliche junge Erwachsene sieht die Jungfrau-Seele viel, was zu Kritik Anlaß gibt und bedauert den Verlust der kindlichen Unschuld, da sie keine bestimmten Vorstellungen von der Zukunft hat. Ist dort nur noch mehr Arbeit, mehr Studium, mehr Verantwortung? Wenn es so ist, ist das Leben wirklich ernst und muß mit realistischen Augen betrachtet werden, sobald wie möglich. Die Zeit vergeht. Menschliche Fehler und Unzulänglichkeiten nehmen für die Jungfrau übertriebene Wichtigkeit an. Das Herz ist immer noch rein und erfüllt von stiller Hoffnung, doch der Verstand ist unter Kontrolle.

Von der Furcht vor Abhängigkeit wird die Jungfrau in eine wilde Entschlossenheit getrieben, keine Zeit zu verlieren und keiner Pflicht auszuweichen. Das Bewußtsein ist immer wachsam, aufmerksam und sehnt sich danach, besser zu werden. Obwohl ebenfalls von Merkur beherrscht, hat die Jungfrau-Seele gelernt, ihre Lebenskräfte nicht so zu vergeuden wie der Zwilling.

Die positiven Eigenschaften der Jungfrau sind Klarheit der Gedanken, Urteilsvermögen, Höflichkeit, Hilfsbereitschaft, Ehrlichkeit gegen sich selbst und ein Sinn fürs Praktische. In der negativen Form kommen sie zum Ausdruck in Krittelei, Voreingenommenheit, Schüchternheit, Pessimismus, Unterlegenheit und Haarspalterei.

Für die Jungfrau bedeutet Liebe Selbstaufgabe, ein Geheimnis, das sie lieber nicht lösen möchte. Also steckt sie all ihre Energie in die Arbeit . . ., und obwohl diese Menschen zärtliche Verehrung anbieten, schlummert die wahre Bedeutung der Liebe immer noch im Herzen der Jungfrau.

Das Liebesgeheimnis der Waage

Die Waage-Seele ist sich der Licht- und Schattenseiten des Lebens bewußt. Während des Reifeprozesses hat sie erfahren, daß es in der Welt (und in den Menschen) Gut und Böse gibt. Darüber hinaus wird die Waage von der fesselnden Polarität zwischen Mann und Frau verzehrt.

Die Erfahrung hat den Waage-Menschen gelehrt, die Mitmenschen richtig zu beurteilen. Er sieht die Notwendigkeit, mit anderen Menschen in Verbindung treten zu müssen, und ist fähig, mit Logik und Kraft zu führen. Die Waage handelt mit einer gewissen Weisheit. »Ich gleiche alles aus«, sagt die Waage, indem sie sich selbst brüstet, beide Seiten zu sehen. Da es das Bewußtsein der Waage erschüttern würde, unfair zu sein, sind Entscheidungen schwierig und schmerzhaft. Ein Sinn für soziale Gerechtigkeit kommt zum Vorschein, und angesichts von Vorurteilen und Ungerechtigkeit verliert sich die Waage oft in endlosen Diskussionen, indem sie ihre geschärfte Logik anwendet. Jedoch wird diese Einstellung durch ein neues Mittel der Überredungskunst gemäßigt. Die Waage hat die Eigenschaft des Charmes gewonnen und sieht diesen als einen sicheren Weg zum Sieg an, also benützt sie eine sanfte Stimme und ein strahlendes Lächeln, um kunstvoll zu schmeicheln und um ihren Kopf durchzusetzen.

Die Waage fühlt ein wachsendes Bewußtsein für Schönheit und Harmonie – in Musik, Kunst und in der Liebe. Sie spürt ein tiefes und drängendes Verlangen, einen Partner zu finden. Voller Gefühle, jedoch mit Sinn für die Realität, verspürt die Waage-Seele den Wunsch, jemanden an ihrer Seite zu haben – in Liebe und Geschäft –, um ein Gleichgewicht im Leben zu finden und den Wunsch nach Harmonie – beeinflußt von der die Waage beherrschenden Venus – zu befriedigen. Im Luftelement der Waage ist es jedoch nicht leicht, einen Liebespartner zu finden. Während sie die Laster und Tugenden eines möglichen Partners abwägen, sind Waage-Menschen oft von einer schmerzvollen emotionalen Unentschlossenheit. Doch trotz allem setzen dieser Mann oder diese Frau ihre unnachgiebige Suche nach jemandem, mit dem sie Freuden und Leiden des Lebens teilen können, fort. Die so geliebte Herbstzeit wird eines Tages verblassen, der Frühling, an den sich die Waage so gern erinnert, ist längst vergangen, und nur eines weiß sie genau: er – oder sie – darf nicht allein sein, wenn der Winter kommt.

Die positiven Eigenschaften der Waage sind Gerechtigkeit, Intelligenz, Charme, Freundlichkeit und emotionale Ausgeglichenheit. In der negativen Form kommen sie zum Ausdruck in

Trägheit, Zaudern, Unentschlossenheit, Streitlust, Vergnügungssucht und Reizbarkeit.

Für die Waage bedeutet Liebe eine Verbindung von Verstand und Herz – nicht zu leidenschaftlich, nicht zu distanziert – ein goldener Mittelweg, ein ausgewogenes Teilen. Aber diese Seelen sind von der oberflächlichen Schönheit der Liebe zu sehr geblendet, um vollkommen in den tieferen Sinn der Liebe einzudringen. Sie erkennen nur, daß sie lieben. Doch sind sie noch nicht auf die Idee gekommen, sich zu fragen, warum.

Das Liebesgeheimnis des Skorpions

In der Öffentlichkeit ist der Skorpion unerhört fähig, die ihm anvertrauten Pflichten eines Organisators auszuführen. Auf persönlicher Ebene bereitet ihm die Entdeckung Sorge, vor dem tiefen Geheimnis seiner eigenen Existenz zu stehen. Woher kam er? – Wohin geht er? – Warum ist er hier? Der Skorpion muß den Schleier des Lebens lüften, ohne Rücksicht auf den möglicherweise zu zahlenden Preis, um seinen ruhelosen Geist zu besänftigen, der sich von der alleinigen Beschäftigung mit irdischen Dingen gelöst hat. Und so ruft er aus: »Ich verlange!«

Es gibt viel, was die Skorpion-Seele weiß, aber doch mehr, was sie fühlt und was noch nicht bestimmt werden kann. Der Einfluß des Skorpions bringt ein brennendes Verlangen mit sich, in das Unbekannte einzudringen; dieses Verlangen ist so brennend, daß es Verstand und Seele zerstören würde, bekäme er es nicht mit kühler Vernunft in den Griff. Erfahrungen haben den Skorpion vorsichtig gemacht, denen gegenüber seine Meinung kundzutun, die sie auf keinen Fall teilen werden. Jede erlittene Niederlage stärkt im Skorpion die innere Überzeugung, daß die erste Loyalität nur seiner eigenen persönlichen Integrität gelten darf. Der Skorpion spürt, wenn sein Selbst verloren ist, ist alles verloren.

Sex ist etwas, das vom Skorpion erforscht werden muß, mit einer Intensität, die den anderen Sonnenzeichen unbekannt ist. Obwohl der Skorpion der Liebe nur traut, nachdem sie bewiesen hat, daß sie dieses Vertrauen auch wert ist, ist seine Treue, wenn er sich einmal jemandem verschrieben hat, standhaft und ewig. Da er den heftigen Wunsch hat, sich selbst und die, die er liebt, vor Schmerzen zu schützen, sieht er sich gezwungen, die Forderung »Auge um Auge, Zahn um Zahn« zu stellen als Versicherung, daß Verletzungen nicht mehr vorkommen werden. Durch den sanften Einfluß des beherrschenden Planeten Pluto macht die Skorpion-Seele die Erfahrung des Todes, da Freunde und Verwandte sterben, und diese erhöht in ihm nur noch das Verlangen, noch tiefer in das Wissen einzudringen, das im stillen Unterbewußtsein begraben liegt. Während der Geist des Skorpions sich trotz der Schwerkraft wie ein Adler aufwärts schwingt, verstärken sich die weltlichen Verlangen und Leidenschaften und treiben ihn dazu, seinen Wert in Frage zu stellen. Überempfindlich, doch fähig, diese Sensibilität zu kaschieren, lernt der Skorpion die erstaunliche Macht seines eigenen Verstandes kennen und gebraucht ihn im geheimen, aus Furcht, die anderen würden lernen, die gleiche Art der Macht über ihn auszuüben.

Die positiven Eigenschaften des Skorpions sind Treue, Willenskraft, Anziehungskraft, Freundlichkeit, Scharfblick und eine überraschende Selbstkontrolle. In der negativen Form kommen sie zum Ausdruck durch Unbarmherzigkeit, Fanatismus, Rachgier, Sadismus, Argwohn und Selbsthaß.

Für den Skorpion-Menschen bedeutet Liebe eine verzehrende Flamme, die jedes Opfer wert ist – und er muß deren Herausforderung überwinden. Sexuell ungehemmt, doch emotionell furchtsam und vom Verstand her argwöhnisch, strebt er verzweifelt danach, die physischen und geistigen Schwingungen der Liebe zu vereinen in einer eigenartigen Mischung von Erotik und Reinheit. Doch die Befriedigung des Verlangens hinterläßt in der Skorpion-Seele das Sehnen nach etwas, das jenseits liegt.

Das Liebesgeheimnis des Schützen

Im Schützen wird aus Mann und Frau ein skeptischer Philosoph, ein widerwilliger Prophet, der sich über die endgültigen Antworten des Lebensrätsels unschlüssig ist. Also versucht es der Schütze mit eindringlicher Logik und verwirrender Aufrichtigkeit, um seinem Anspruch »Ich sehe« Glaubwürdigkeit zu geben.

Der Schütze spürt den verzehrenden Drang, seinen eigenen Verstand zu erforschen, und versucht, die Geheimnisse des menschlichen Verhaltens in der philosophischen Phase des höheren Lernens zu entwirren. Aber ein Teil seiner Seele ist verärgert über die harten Anforderungen der immer schwierigeren Erziehung und sehnt sich danach, die ihn stark beanspruchende Schule des Lebens zu schwänzen. Er taucht von den Höhen überlegenen Optimismus und blinden Vertrauens in die Tiefe sarkastischen Zynismus. Zuerst leichten Sinns und lustig, dann ernsthaft, ist der Schütze der Zentaur – halb Mensch, halb Pferd – und zielt scharfe Pfeile der Neugier direkt in das Schwarze des gesuchten Wissens. Die Suche des Schützen nach der Wahrheit führt seine Seele durch den Irrgarten der Religionen; er schwankt zwischen überzeugtem Atheismus und religiösem Fanatismus, bis ihm die kirchlichen Dogmen klar werden – und er sie entweder annimmt oder ablehnt, zum Teil oder im Ganzen.

Oft ist der Schütze ausgelassen wie ein Clown, vernachlässigt dabei den Gedanken an die Zukunft sträflich. Zu anderen Zeiten wiederum denkt er auf einem solch hohen geistigen Niveau, daß seine Mitmenschen ihm nicht folgen können.

Die Schütze-Seele hat das symbolische Stadium des Ruhestands erreicht. Von dem beherrschenden Planeten Jupiter getrieben, sehnt sich der Schütze danach zu reisen, sich unter fremden Sonnen zu wärmen, andere Länder, Menschen und Ideen zu sehen und kennenzulernen. Obwohl er sich widerwillig der Notwendigkeit der Arbeit unterwirft, der Pflicht und der Verantwortung, ist er äußerst ungeduldig mit diesen unwillkommenen Einschränkungen der Realisierung seiner Träume.

Um die ständige Ruhelosigkeit seines Geistes zu verbergen, nimmt der Schütze die Pose eines Schauspielers an, die ihm ermöglicht, andere mit einer Mischung von lustigen oder tragischen Späßen zu unterhalten, während es ihm unter seiner Maske möglich ist, die Tiefe seiner Seele auszuloten. In dieser Phase hat der Schütze wenig Zeit für taktvolles Verhalten, da er eilig vorangeht, um die Antworten zu finden, bevor das »Leben« vorbei ist. Der Herbst geht seinem Ende zu, die ersten Windstürme blasen – und das lebhafte Wettergeschehen fordert den Schützen heraus, das Schicksal zu versuchen, um zu beweisen, daß der Mensch stärker als die Natur ist.

Die positiven Eigenschaften des Schützen sind Optimismus, Offenheit, Fröhlichkeit, Logik, Ehrlichkeit, Kühnheit und Enthusiasmus. In negativer Form kommen sie zum Ausdruck durch Rücksichtslosigkeit, emotionelle Verwirrung, Sorglosigkeit, Taktlosigkeit, Heftigkeit und Unbeständigkeit.

Für den Schützen, der symbolisch das Mittelalter der Seele erreicht hat, muß die wahre Liebe jetzt entdeckt werden – oder sie ist für immer verloren. Da der Schütze einen Partner für alle Jahreszeiten sucht, ist er geblendet vom Idealismus und der Herausforderung der Liebe und daher durch ihre Realität schockiert. Seine ängstliche Suche hat ihn noch nicht dorthin geführt, wo sie sich wirklich verbirgt – in seinem eigenen Herzen.

Das Liebesgeheimnis des Steinbocks

Die Steinbock-Seele, die sich ihrer Fähigkeit und ihres Rechts, die Führung zu übernehmen, sicher ist, fühlt nicht das Verlangen, ihre Macht herauszustellen und damit zu protzen – entweder um in der Öffentlichkeit Anerkennung zu erheischen oder an innerer Sicherheit zu gewinnen. Sie hat gelernt, daß der wahre Frieden von innen kommt. Zum Führer bestimmt zu sein, das bedeutet Verantwortung, die so vorsichtig wie möglich zu handhaben ist, und keine besondere Anerkennung für Handlungen, die offensichtlich zur Pflicht eines Führers gehören. Die Verwandten (besonders die Eltern) des Steinbocks erhalten größere Aufmerksamkeit im Guten oder im Bösen, weil das symbolische »Alter« der Seele erreicht ist – und damit auch ein Sinn für die Prioritäten des Lebens; die wichtigste davon ist die Sicherheit zu wissen, wohin man gehört. Die erregenden Liebschaften und die Freiheit der Jugendzeit sind bei weitem nicht so reizvoll für den Steinbock wie die Behaglichkeit und Zufriedenheit mit denen, die sich um ihn sorgen. Der Steinbock ist darauf vorbereitet und auch willens, die unter Schwierigkeiten erworbene Weisheit des Saturn anderen zu vermitteln, jedoch nur, wenn er dazu aufgefordert wird. Da der Steinbock weiß, daß es unvernünftig ist, Menschen zu früh zu reifem Verhalten zu zwingen, lächelt er mit der wohlwollenden Nachsicht eines Großvaters (sein tatsächliches Alter spielt hier keine Rolle) über die Possen der im Herzen Junggebliebenen. Im geheimen sehnt sich der Steinbock danach, seine Pflichten abzuschütteln, doch hat er das Wissen erlangt, daß reiner Idealismus unausführbar ist – und spontaner Enthusiasmus niemals die Erfahrungen ersetzen kann. Sich der Gefahren impulsiven Handelns äußerst bewußt, wurde die Seele konservativer – und die Weigerung des Steinbocks, seine Energie zu verschwenden und sich in Sentimentalität zu verlieren, führt dazu, daß diejenigen, die im Feuer- oder Luftelement geboren sind, ihn der Gefühlskälte beschuldigen. Steinböcke respektieren Autorität, weil sie das Gesetz als eine Notwendigkeit für den Schutz der Menschenrechte und der Sicherheit ansehen. Voller Ehrfucht verehren sie die Berühmten und Erfolgreichen, da sie ihr Geburtsherrscher Saturn gelehrt hat, große Leistungen gebührend zu würdigen und sie den Preis dafür genau kennen.

Trotz der, für leichtlebigere Zeitgenossen zu ernsten und unbeugsamen, äußerlichen Erscheinung des Steinbocks, hat das Leben ihn auch die humoristische Seite gelehrt, und seine feinsinnigen Witze sind begleitet von der Ironie des Daseins. Da die Saturn-Pflicht, der Anwalt der Törichten zu sein, schwer auf den Schultern der Steinböcke lastet, versuchen sie manchmal, das volle Maß der seltenen Vergnügen des Lebens auszuschöpfen, und akzeptieren sie ruhig und ohne falsche Bescheidenheit oder unangemessene Hemmung. Nur später, wenn der ernüchternde Einfluß der Reife wiederkehrt, fühlt der Steinbock ein wenig Reue und Melancholie, da er der Versuchung verbotener

Leidenschaften nachgegeben hat. In dieser seelischen Verfassung ergibt sich für den Steinbock beinahe zwangsläufig, die Notwendigkeit pragmatischen Handelns anzuerkennen, wie er es auch selbst zugibt: »Ich benütze«. Doch die Sanftheit des Geistes schwächt die Strenge der äußeren Härte des befehlenden Saturns, da das Bewußtsein des Steinbocks ein Mitgefühl für menschliche Fehler mit sich bringt.

Die positiven Eigenschaften des Steinbocks sind Entschlossenheit, Beständigkeit, Weisheit, Zuverlässigkeit, Sicherheit und Ruhe. In der negativen Form kommen sie zum Ausdruck in Selbstsucht, Engstirnigkeit, Unbarmherzigkeit, Strenge, Snobismus, Depressionen und Einsamkeit.

Für den Steinbock bedeutet Liebe einen stillen und zwanglosen Austausch persönlicher Befriedigung. Der Steinbock hat die wertvolle Lektion gelernt, daß Liebe nicht nach übertriebenen Emotionen gemessen werden kann. Aber da er die Liebe mit gemeinsamen Wünschen und Bedürfnissen gleichstellt, hat er noch nicht die Erlösung von seinen inneren Sehnsüchten erfahren.

Das Liebesgeheimnis des Wassermanns

Der Wassermann schüttet sein Wissen aus, entschlossen und besorgt, es zu teilen, bevor er diesen Planeten verläßt.

Ein Rätsel für Freunde und Familie, tollt der Wassermann mit den im Herzen Junggebliebenen umher – was verwundert, da seine Weisheit und Erfahrung im direkten Kontrast zu diesem ungezwungenen, exzentrischen Verhalten stehen. So viele Geheimnisse wurden in der Vergangenheit übersehen, weil es keine Zeit gab, sie zu untersuchen. Nun muß der Wassermann sie alle kennenlernen – muß alle Nuancen des Auf und Ab, des Rechts und Links, des Wollens und Nichtwollens erforschen. Er erfreut sich daran, andere zu schockieren, da er sich einer Fähigkeit bewußt ist, die ihm auf unerklärliche Art erlaubt, einen Blick in die Zukunft zu werfen. Überraschend intuitiv und strotzend von unerwarteten Blitzen telepathischer Bilder, prüft die Wassermann-Seele Menschen und Ideen ohne Gefühlsregung und entdeckt die Wahrheit ohne erkennbare Logik oder spürbare Mühe.

Die Wassermann-Seele neigt dazu, Gesetz und Autorität an den Pranger zu stellen, da er im Geiste schon in der Zukunft lebt. Der Wassermann weiß, daß die strengen Gesetze der heutigen Gesellschaft früher oder später liberaler gestaltet werden müssen. Daher sieht er keinen vernünftigen Grund, etwas zu respektieren, was sicher schon morgen in etwas Neues, ganz anderes führen wird. Sollte eine blutige Revolte notwendig sein, um Toleranz, Brüderlichkeit und Verständnis hervorzubringen, so glaubt der Wassermann, daß der Zweck in diesem Fall die Mittel heiligt. Obwohl er Veränderungen der Welt (und seiner Freunde und Familie) befürwortet, beharrt er auf seinen eigenen persönlichen Meinungen, seinem Wertesystem und seinem Lebensstil und spiegelt hiermit die widersprüchliche Natur des herrschenden Planeten Uranus wider.

Für den unvoreingenommenen Wassermann ist jeder Mensch ein Freund. Doch werden vielleicht persönliche Beziehungen vernachlässigt, da er einem Idealismus folgt, der auf den Nutzen der Gesellschaft im allgemeinen bezogen ist. Wie das Wassermann-Zeitalter, das sie reflektiert, hat diese Seele eine goldene und glorreiche Zukunft im Auge, die vielleicht nur erreicht werden kann, indem man alte Gepflogenheiten und altmodische Ideen über Bord wirft. Sollten konservativere Menschen sich von dem Uranus-Verhalten verletzt fühlen, so lacht der Wassermann-Individualist nur über diese Mißbilligung. Intuitiv die Zukunft vorausahnend, erwidert der Wassermann auf alle Fragen: »Ich weiß«, und weigert sich störrisch zu erklären, *wie* er weiß. Nur Kindern gegenüber verhält er sich anders, da diese in ihrer eigenen Unschuld jenes Stadium der unschuldigen Unkompliziertheit verstehen, die die Seele unter dem Einfluß des Uranus auszeichnet.

Die positiven Eigenschaften des Wassermanns sind Weitsicht, Individualität, Toleranz, Freundlichkeit, Erfindungsgabe, Originalität und Genius. In der negativen Form kommt dies zum Ausdruck in Exzentrik, Neurosen, Absonderung, Geistesabwesenheit und in der Weigerung zur Zusammenarbeit. Für den Wassermann bedeutet Liebe eine besondere und selbstlose

Emotion, die erforscht und genossen werden muß. Der Wassermann versteht den Umfang der Liebe und prüft all ihre Dimensionen, doch zerstreut er sie auch sorglos, da er sie mit Freundschaft verwechselt. Die körperliche Erfüllung läßt ihn gefühlsmäßig leer und immer noch sehnsuchtsvoll, da er den Zauber der Einheit mit dem Partner nicht spüren kann – die endgültige Wahrheit der Liebe, die ruhig auf ihre Entdeckung wartet.

Das Liebesgeheimnis der Fische

Mit der geheimnisvollen Weisheit des die Fische beherrschenden Planeten Neptun wissen diese, daß Traurigkeit und Häßlichkeit nicht Teile von Gottes Plan sind. Sie haben einen Blick auf die Schönheit der Wahrheit erhascht, und die Brillanz dieser mystischen Vision löst in ihnen den Drang aus, sich den negativen Erfahrungen auf dieser Welt zu entziehen. Die Fische vermeiden also oft Konfrontationen und Spannungen durch den Fluchtweg der Drogen, durch Alkohol, Tagträume, künstlerische Kreation, philosophisches Theoretisieren, Meditation oder religiöse Zurückgezogenheit. Fische werden vielleicht Lehrer, Mönche, Nonnen, Mystiker, Künstler, Musiker, abstrakte Mathematiker und intuitive Wissenschaftler – oder vielleicht ziehen sie es auch vor, in den trüben Wassern des Alkoholismus oder der Drogenabhängigkeit zu schwimmen, wenn nicht sogar im Wahnsinn. Es ist in der Tat ein schwieriges und kompliziertes Stadium für die Seele, da die Sonnenzeichen-Erfahrung für den Fische-Mann oder die Fische-Frau mit Versuchungen beladen ist.

Da sie im Unterbewußtsein »alles schon einmal mitgemacht« haben, bringen die Fische ein natürliches Mitgefühl für die Schwierigkeiten ihrer Mitmenschen auf. Die Neptun-Seele ist mit den Wechselhaftigkeiten des Lebens vertraut, versteht die Schwächen der menschlichen Natur und neigt daher eher zu Mitleid, als die Fehler der Menschen zu verdammen. Und daher wenden sich andere sehr oft mit ihren Geheimnissen, Befürchtungen und Sorgen an diese »alten Seelen«. Doch ist deren erster Instinkt, sich von den heiklen Verwicklungen jeder Art fernzuhalten. Nur wenn die Fische den Mut finden, ihren eigenen Problemen mit der gleichen spirituellen Weisheit gegenüberzutreten, die sie anderen anbieten, können die Neptun-Geheimnisse ergründet werden. Diese Seelen sind vergebender, zärtlicher; denn die Fische versichern: »Ich glaube«. Um den vollen Glanz und die Wahrheit der Liebe zu erkennen, können die Fische, wenn sie wollen, auf die Unschuld des Widders, die Geduld des Stiers, das Bewußtsein des Zwillings, das Wahrnehmungsvermögen des Krebses, die Vornehmheit des Löwen, das Unterscheidungsvermögen der Jungfrau, die Urteilskraft der Waage, den Scharfsinn des Skorpions, die Ehrlichkeit des Schützen, die Weisheit des Steinbocks – und die Menschlichkeit des Wassermanns zurückgreifen. Doch manchmal führen diese vielen Fragmente geheimen Wissens nur dazu, die Fische noch mehr zu verwirren, und verleiten sie, den leichteren Pfad passiven Zurückweichens zu nehmen.

Die positiven Eigenschaften der Fische sind Bescheidenheit, Mitgefühl, Empfindsamkeit, geistige Wachsamkeit, psychisches Verständnis, philosophischer Einblick und heilende Kraft. In negativer Form kommen sie zum Ausdruck in Schüchternheit, Besorgnis, Masochismus, Trägheit, Lüge und Willensschwäche.

Für die Fische bedeutet Liebe selbstlose Unterwerfung des Ichs unter das Verlangen, eins zu werden. Die Fische erhalten mehr Vergnügen durch das Geben als durch Nehmen, mehr Glück durch Dienen als darin, bedient zu werden. Doch der rätselhafte Neptun stellt die Fische mit dem Zauber vielfältiger sexueller und romantischer Erfahrungen auf die Probe – und treibt sie von einer Affäre in die andere. Durch Promiskuität oder das Gegenteil, den Rückzug in ein Einsiedlerdasein – flüchten die umsichtigen Fische vor der Gefahr, sich im Netz tiefer emotionaler Bindungen zu verfangen.

Doch der Fische-Mensch, der dieser Versuchung widersteht, die Schmerzen der Liebe zu vermeiden – indem er nur deren Vergnügen sucht – wird von dem endgültigen Geheimnis der Liebe reichlich belohnt. Dann erblickt er vielleicht die wahre Leidenschaft einer Verbindung von Verstand, Herz und Geist, die zu einer seltenen physischen Ekstase führt.

Ihr Sonnenzeichen

Der Ausdruck »Sonnenzeichen« bedeutet, daß – wenn Sie zum Beispiel ein Zwilling sind – die Sonne bei Ihrer Geburt ihren mächtigen Einfluß im Felde des Tierkreises Zwillinge (nicht im astronomischen Sternzeichen) ausübte – in diesem Fall also vom 21. Mai bis einschließlich 21. Juni (während der letzten Jahrzehnte in den USA; in Europa bis einschließlich 20. Juni). Sie werden merken, daß die Daten der zwölf Sonnenzeichen-Perioden mit den Astrologie-Büchern, die Sie lesen, variieren; dies kann für den Laien verwirrend sein. Der Grund für diese Abweichungen liegt darin, daß die meisten Astrologen Sie nicht mit der Information belästigen wollen, daß die Sonne im Lauf eines bestimmten Tages (am Morgen, Nachmittag oder Abend) das Zeichen wechselt.

Daher »berauben« sie das darauffolgende Sonnenzeichen um diesen Wechseltag und geben ihn dem anderen – damit es sich ausgleicht. Dies vergrößert jedoch nur die Verwirrung. Es ist sehr einfach, so zu tun, als ob jede Sonnenzeichen-Periode genau um Mitternacht beginnt. Doch das stimmt nicht.

Die Sonne *verläßt* zum Beispiel, außer bei Schaltjahren, (während der letzten Jahrzehnte und auch gegenwärtig) das Zeichen Widder irgendwann am 20. April und *tritt* in das Zeichen Stier *ein* (am 21. April in Europa). Es ist wichtig zu wissen, daß der 20. April *beide* Zeichen enthält. Sonst könnten Sie vielleicht Ihr ganzes Leben lang glauben, Sie wären ein Stier, obwohl Sie in Wirklichkeit ein Widder sind.

Man darf also nicht vergessen, daß man die genaue Zeit und die Längen- und Breitengrade der Geburt kennen muß, wenn man am *ersten* oder am *letzten* Tag einer Sonnenzeichen-Periode geboren wurde, um urteilen zu können, ob die Sonne zu dieser Stunde am Geburtsort schon das »Zeichen gewechselt« hat. Der Ausdruck »Mondzeichen« bezieht sich auf das Feld des Tierkreises (nicht auf das astronomische Sternzeichen), durch den der Mond zur Geburtszeit »zog« und seinen Einfluß ausübte. Der Ausdruck »Aszendent« (gelegentlich auch »aufgehende Sonne« genannt) beinhaltet das Tierkreiszeichen, das am Osthorizont im Augenblick der Geburt »aufging«. Der Aszendent variiert mit dem Geburtsort (er hängt von der geographischen Lage, ausgedrückt in Längen- und Breitengraden, ab).

Eine Bemerkung zu den »Grenz-Geburtstagen«: Sehr oft sagen (und glauben) Menschen, die an einem dieser »Grenztage« (der Tag, an dem die Sonne in ein anderes Zeichen übergeht) geboren wurden, daß ihre Persönlichkeit scheinbar die Eigenschaften *beider* Sonnenzeichen enthalten. Und sie stellen sich vor, daß dies durch diese »Grenz-Geburtstage« hervorgerufen wird. Manche Astrologen sagen, daß ein »Grenz-Geburtstag« verursacht, daß der Mensch die Charakterzüge beider Zeichen zeige. Meine umfassenden und abwechslungsreichen Erfahrung als Astrologin haben mich überzeugt, daß dies einfach nicht der Wahrheit entspricht. In jedem einzelnen Augenblick, in dem ein Mensch glaubt, er verhalte sich in einer Weise, die einer Verbindung von zwei aufeinanderfolgenden Sonnenzeichen entspricht – verhält er sich, ohne Ausnahme, eben in dieser Weise, weil der *Mond* oder *Aszendent* dieses Menschen im »zweiten« Sonnenzeichen steht.

Ein einziges Sonnenzeichen gilt für Sie. Ihre Persönlichkeit kann und wird nicht an zwei Sonnenzeichen teilhaben, weil Sie an einem »Grenztag« geboren sind. Es ist wahr, daß jedes der drei »Dekanate« eines jeden Sonnenzeichens (jedes astrologische Zeichen umfaßt 30 Grad – jedes »Dekanat« zehn Grad) seine eigene Variation der einzelnen Sonnenzeichen-Eigenschaften verleiht. Doch das ist ein vollkommen anderes Thema. Wenn man ein Steinbock ist, so ist man ein Steinbock. Man ist nicht »zum Teil« ein Wassermann, weil man an einem »Grenztag« geboren wurde. Wenn man sich gelegentlich wie ein Wassermann verhält, so kann man sicher sein, daß der *Mond* oder *Aszendent* zur Geburtszeit im Zeichen Wassermann stand.

Besser: »Wenn sich die Sonne im Zeichen Steinbock befindet, so wirkt sie eben nur in der Art der Eigenschaften des Steinbocks.« Zu diesem äußerst genau bestimmten kosmischen Zeitpunkt (der auf der Erde vielleicht nur Minuten ausmacht, bei gegenwärtigen astronomisch-mathematischen Verhältnissen) – in dem Moment also, wenn die Sonne in das Zeichen Wassermann »eintritt«, übt sie ihren mächtigen Einfluß durch den Wassermann aus und nicht mehr durch das Steinbockzeichen. Die Sonne kann nicht gleichzeitig die Charaktereigenschaften von Steinbock und Wassermann bewirken. Es ist kosmisch und astrologisch unmöglich. Die Vereinfachung der Astrologen, die auf den kombinierten Eigenschaften der »Grenztage« bestehen, kann in Verbindung mit den Sonnenzeichen nicht angewandt werden. In Verbindung mit anderen astrologischen Kräften (eingeschlossen der gegenwärtige »Planeten-Einfluß« des Wassermann-Zeitalters) sowie mit den Aspekten und so weiter – kann man es anwenden. Aber nicht im Fall der Sonnenzeichen.

Sonnenzeichen - Geburtsperioden

Widder	21. März bis 20. April
Stier	21. April bis 20. Mai
Zwillinge	21. Mai bis 20. Juni
Krebs	21. Juni bis 20. Juli
Löwe	21. Juli bis 21. August
Jungfrau	22. August bis 22. September
Waage	23. September bis 22. Oktober
Skorpion	23. Oktober bis 22. November
Schütze	23. November bis 20. Dezember
Steinbock	21. Dezember bis 19. Januar
Wassermann	20. Januar bis 18. Februar
Fische	19. Februar bis 20. März

Geburtsherrscher

Widder	Mars
Stier	Venus
Zwillinge	Merkur
Krebs	Mond
Löwe	Sonne
Jungfrau	Merkur
Waage	Venus
Skorpion	Pluto
Schütze	Jupiter
Steinbock	Saturn
Wassermann	Uranus
Fische	Neptun

Die Fische-Fische Beziehung

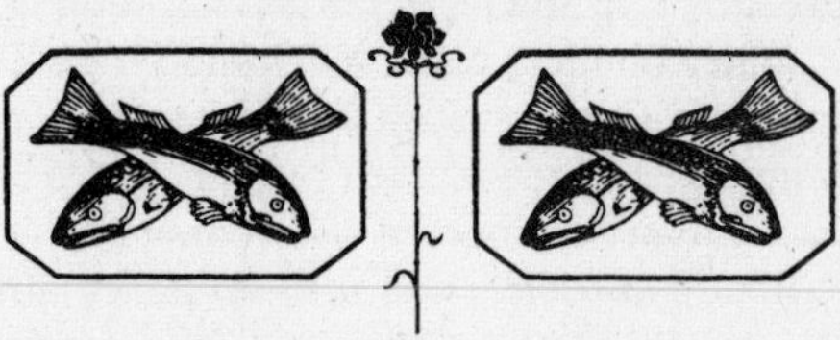

Wenn sich vier Fische zusammenfinden (die Fische sind ein Doppelzeichen, symbolisiert von zwei zusammengehörenden Fischen, die in entgegengesetzter Richtung schwimmen), dann haben sie die Wahl unter einer Reihe verschiedener Möglichkeiten. Sie können sich gemeinsam in der euphorischen Flucht in Alkohol und Narkotika verlieren, in vielen Ausdrucksformen gemeinsamen Bestrebens kreativ werden, von künstlerischer Gestaltung bis hin zur Architektur, ihren Träumen nachhängen, kleine Fische in die Welt setzen oder sich gemeinsam treiben lassen. Im allgemeinen sind die Möglichkeiten kaum anders, als es bei den beiden anderen Wasserzeichen der Fall ist, die eine 1:1-Sonnenzeichen-Partnerschaft eingehen.

Das Fische-Sonnenzeichen birgt eine gewisse Sanftheit und Gemütsruhe in sich, welche, je nach Intensität, Willenskraft und Tatendrang verringern können. Fische-Menschen sind meist außerordentlich sensibel oder »übersinnlich«, wenn sich diese Tugend auch oft nur in passiver Weise offenbart und der Fisch im Alltag von Träumen, Intuitionen und augenblicklichen Eindrücken abhängt. Tatendrang und Tatkraft fehlen den Fischen zumeist. Sie ziehen es vor, still hinter den Kulissen zu wirken.

Zwei Fische müssen sich stets die verschiedenen Aspekte der negativen Polarität von Neptuns Vermächtnis vergegenwärtigen: Irrglaube, falsche Illusionen, müßige Wachträume und Selbstbetrug, ebenso wie der latente Drang, andere auf irgendeine Weise irrezuführen. Vieles in bezug auf ihr individuelles

Schicksal und das ihrer 1:1-Partnerschaft hängt von den Mondzeichen der beiden ab. Wenn der Sonne-Mond-Aspekt in ihren Horoskopen günstig ist, dann steht ihrer Harmonie nichts im Wege. Anderenfalls ist Vorsicht geboten, denn sie könnten ihre Initiative und ihren Ehrgeiz gegenseitig ersticken. Es ist nicht ungewöhnlich, wenn sich von Zeit zu Zeit Zänkereien, Unmut und Gereiztheit in ihre Zweisamkeit einschleichen, doch im allgemeinen meiden sie jene Art von Auseinandersetzung, die man bei anderen 1:1-Sonnenzeichen-Partnerschaften so häufig antrifft. Die Fische verstehen ihre Geheimnisse und Persönlichkeiten nicht nur gut, sondern besitzen auch ein instinktives Mitgefühl für die Kümmernisse und Sorgen des anderen. Es kommt selten vor, daß zwei Fische sich treffen und nicht sofort das Einfühlungsvermögen des anderen spüren, ganz egal, welche sonstigen Planetenpositionen bei ihrer Geburt Einfluß hatten. Alle 1:1-Partnerschaften empfinden die gleiche beiderseitige Vertrautheit, doch kein anderes Zeichen spürt sie so unvermittelt und tief wie die Fische.

Unsere beiden Fische fühlen sich auf natürliche und ruhige Weise zueinander hingezogen. Häufig lernen sie sich in einem Konzertsaal, im Park, in einem Krankenhaus, im Theater, in einer Zeitungsredaktion oder einem Forschungslabor kennen – bei irgendeiner Beschäftigung, die es den Fischen erlaubt, in kreativem »Dienst« für andere zu stehen (selbst wenn es nur darum geht, andere zu unterhalten) und bei der ein Minimum an Autorität und ein Maximum an Freiheit gewährleistet sind.

Fische sind gewöhnlich nach außen hin freundlich, zurückhaltend und zuvorkommend. Sie sind jedoch keineswegs fehlerlos und haben auch ihre Eigenheiten, neigen jedoch nicht dazu, aus einer Mücke einen Elefanten zu machen. Sie tragen die Last ihrer Probleme recht lässig auf ihren Schultern, und wird sie ihnen doch einmal zu schwer, dann lassen sie sie einfach fallen und stehlen sich davon, statt sich in einen aussichtslosen Kampf einzulassen, einen Kampf gegen das Schicksal – oder was sie sonst als unabdingbar betrachten.

Fische-Männer und -Frauen werden ständig von Freunden, Nachbarn, Verwandten und Kollegen übersehen – manchmal sogar von ihren eigenen Liebhabern, Geliebten, Ehemännern oder Ehefrauen. Aber deshalb brauchen sie uns nicht leid zu tun, ganz gewiß nicht. Sie sind nämlich weitaus lieber Zuschauer all dessen, was um sie herum passiert, als selbst in das Geschehen verwickelt und beobachtet zu werden. Der Fisch ist *vorsätzlich* unauffällig.

Sicherlich, es gibt schon eine Reihe von Fischen, die durch die Wahl ihres Berufes im Rampenlicht der Öffentlichkeit stehen, doch genießen tun sie es nie. Ich bin auch noch nie einem Fisch begegnet, der sich darüber beschwert hat, *nicht* im Rampenlicht der Öffentlichkeit zu stehen.

Dank ihres mystischen Erbes des Fisches in der Natur, der das verborgene Wesen des Fische-Menschen symbolisiert, lassen sich die von Neptun regierten Menschen nicht zu aggressiver Gier nach Ruhm treiben. Wenn sich der Ruhm von selbst einstellt, dann ergeben sie sich nolens volens in ihr Schicksal. Der typische Fisch wird niemals fanatisch auf die Jagd nach dem Ruhm gehen. Er trägt ihn, wie so manche andere Last des Lebens, resigniert auf seinen Schultern.Solche Bescheidenheit und Demut ist lobenswert, doch da die Charaktermerkmale der Sonnenzeichen bei allen 1:1-Kombinationen intensiviert werden, sollten die Fische achtgeben, daß ihre sonst so bewundernswerten Tugenden in zweifacher Ausfertigung nicht den Ansporn ersticken, aktiv am Lebensstrom teilzunehmen. Die Fülle und Fruchtbarkeit ihrer kreativen Beiträge sind für diese abgestumpfte und übersättigte Welt so unentbehrlich.

Es muß leider gesagt werden, daß zwischen zwei Fische-Menschen nicht alles eitle Freude und Heiterkeit ist. Hat einer von beiden für ihn ungünstige Mondzeichen wie Zwillinge oder Schütze, dann kann sich ein Abgrund zwischen ihnen auftun, der nur schwer zu überbrücken ist. Eine solche Disharmonie ihrer Sonnen und Monde kann dazu führen, daß sie sich in Gegenströmungen verfangen und sich gegenseitig in schweigende Vorwürfe (das Schlimmste von allem), dumpfe Gleichgültigkeit oder trügerische Antworten verstricken. Ist ihr Mond jedoch in einem Wasser- oder Erdzeichen, dann wird die Harmonie ihrer Beziehung außergewöhnlich sein.

Beide Fische kennen das Kreuz, das sie zu tragen haben wie etwa die ungerecht Haltung mancher Leute, die den Fisch nur zu gerne einen Kriecher oder Lügner schimpfen. Sie berufen sich dabei auf den manchmal extremen Widerspruch zwischen den idealistischen und selbstlosen Motiven der Fische – und den gewundenen Schleichwegen, die sie manchmal begehen, um an ihr gewünschtes Ziel zu gelangen. Nicht alle, aber viele Fische machen sich der frustrierenden Gewohnheit schuldig, mal in geringerem, mal in verstärktem Maß der Wahrheit aus dem Weg zu gehen. Doch der Grund für diese Neigung der Fische ist stets derselbe: Sie wollen die direkte Konfrontation meiden, die völlig sinnlos und verletzend wäre.

Der Fisch schreckt vor stürmischen Gefühlsausbrüchen zurück. Er erfindet lieber schnell eine Notlüge, als zu verletzen oder verletzt zu werden. Wenn überhaupt, dann ist ein Fisch eher einem anderen Fisch gegenüber direkt als irgendeinem sonstigen Sonnenzeichen, weil er die Sinnlosigkeit erkennt, sich gegenseitig an der Nase herumzuführen. Zwei Fische unter sich sagen einander also häufig die reine Wahrheit, egal wie unangenehm sie ist. Sie können einander vertrauen und sind über laute, aufreibende, häßliche Szenen erhaben.

Trotz all ihrer Tugenden wie Demut, Geduld und Bescheidenheit sind zwei Fische nicht gerade überschwenglich, was die Demonstration ihres Respekts, ihrer Hochachtung und ihrer Zuneigung betrifft. Verständnis und Mitgefühl besteht zwischen ihnen, doch sie drücken es nicht auf sichtbare Weise aus.

Aber es gibt andere Aspekte der Fische-Natur, die zwei Fische ruhig betonen sollten – zu ihrem eigenen und unser aller Nutzen, und das ist ihre stille Gelassenheit und ihr mitfühlend lauschendes Ohr. Sie besitzen die Tugend, unangenehme Leute und Situationen, ihre eigenen Probleme eingeschlossen, mit einer Art sanfter Resignation zu ertragen. Beide verstehen, daß ihre menschliche Schwäche (und die der anderen) oft mit guten Absichten verflochten ist – und Neptun flüstert ihnen leise zu, daß Böses meiden dem Bösen nur noch mehr Kraft gibt.

Es ist die Zauberformel der Fische: Liebe und Barmherzigkeit. Sie klappt jedes Mal, und umso besser, wenn zwei Fische sie sprechen, verbunden mit einer Kostprobe jenes großartigen Neptun-Humors, der typische Fische sogar über sich selbst lachen läßt, ohne die Last falschen Stolzes, der ihr Gelächter dämpfen würde.

Fische-Frau – Fische-Mann

Wie bei allen anderen 1:1-Sonnenzeichen-Partnerschaften müssen zwei Menschen, die von demselben Planeten beherrscht werden (in diesem Fall von Neptun) damit rechnen, daß sie sich in ihren Tugenden und Untugenden bestärken. Beim Fische-Fische-Paar sind die sich vervielfältigenden Merkmale: Höflichkeit, Sensibilität, Phantasie, Kreativität, Mitgefühl, Einfühlsamkeit, intuitives Wahrnehmungsvermögen und eine Menge Intelligenz und Humor. Sowie das Gefühl dafür, den anderen in seiner Persönlichkeitsentfaltung nicht zu behindern.

Die Fische-Untugenden, die sie ablegen sollten, sind: ständige Wachträumereien, Müßiggang, Faulheit, Geistesabwesenheit, Entschlußfähigkeit, Unordnung und Chaos, Ängste, Phobien, die Versuchung zu flunkern – und die zweifelhafte Angewohnheit, den anderen als Lakaien zu betrachten.

Ja, die beiden haben eine Menge Hindernisse zu überwinden. Doch keine Angst. Sie besitzen genügend Kraft in sich, um die Gefahren zu bannen, die ihr Glück bedrohen.

Auch die heimlichen Fische-Ängste werden verdoppelt (ja sogar vervierfacht, wenn man in Betracht zieht, daß wir es mit »vier« Fischen zu tun haben), wenn Fische-Frau und Fische-Mann eine engere Beziehung eingehen. Stehen bei einem von beiden Mond oder Aszendent in einem Erdzeichen, dann kann cr zu cinem wirklichen Anker der Stabilität für der anderen werden. Ohne eine derartige Unterstützung durch ihre Planeten oder Aszendenten laufen die beiden Gefahr, sich gemeinsam in Angstträume zu verrennen – oder in eine Liebesaffäre oder Heirat hineinzuschliddern, die zu zerbrechlich ist, um von Dauer zu sein.

Es gibt Fische, die sich vor ihrem eigenen Schatten fürchten. Andere wiederum – Raubfische – lassen sich durch nichts einschüchtern. Zumindest tun sie so, als ob. Man darf nämlich nicht vergessen, daß das, was Fische sagen, nicht unbedingt immer das ist, was sie denken. Einige Fische haben eher vor sich selbst Angst als vor äußeren Umständen oder anderen Menschen, können sich nicht durchsetzen und verpassen dadurch die Chance, das zu tun, was ihnen wirklich Spaß macht. Doch dann gibt es auch noch die verspielten, scharfsinnigen und aufgeweckten Fische-Typen.

Die empfindsame Natur der Fische-Frau und des Fische-Mannes und ihr übersteigert differenziertes Wahrnehmungsvermögen können sie bisweilen auf den Holzweg führen. Enthält das Geburtshoroskop eines Partners mehr Planeten in Erdzeichen als das des anderen, dann könnte der »erdhafte« Fisch dem weniger praktisch veranlagten vorwerfen, den Tatsachen nicht ins Auge zu sehen und die Dinge um ihn herum durch eine derart rosa Brille zu betrachten, daß die Gefahren nicht mehr erkennbar sind, weil jede mögliche Konfliktsituation beschönigt wird. Und genau das ist der Keim aller Neptun-Ängste und Phobien – die Erinnerung daran, daß sich bemäntelte Situationen plötzlich in äußerst bedrohliche verwandeln. Es kommt vor, daß sich einer der Fische-Partner dieser Beziehung an die »Illusion« klammert, weil er weiß, daß sie wirklicher ist als das, was wahr zu sein »scheint« – und dieses oft durch reine Hartnäckigkeit des Glaubens auch beweisen kann.

So ist es möglich, daß entweder er oder sie in die falsche Richtung schwimmt und sich so verhält, als wäre das Leben selbst ein Traum, und daß das für den anderen zuviel des Guten wird.

Ein solches atypisches Verhalten eines Fisches, das den Tugenden seines Sonnenzeichens diametral entgegensteht, ist das Symptom einer Art Neurose von Herz, Geist oder Seele. Ein scheuer Widder, ein impulsiver Stier, ein unbekümmerter und sorgloser Krebs – oder ein ungestümer, betont extrovertierter Fisch – sind alle in ihrem tiefsten Inneren unglückliche Menschen, die ihr eigenes Wesen leugnen. Jedes Sonnenzeichen muß das tun, was seiner Natur entspricht, um Harmonie in jeder Inkarnation zu erreichen, und deshalb genaustens die Merkmale des Zeichens studieren, in dem es geboren ist.

Eine Fische-Frau ist bestens ausgerüstet, um einen männlichen Fisch in das Netz der Liebe zu verstricken und dort zu behalten. Sie spürt intuitiv, daß er es nicht verträgt, wenn man in seine Gedankenwelt eindringt. Eine herrschsüchtige Frau würde diesen Mann niemals halten können. Eine Fische-Frau ist unterwürfig, ohne masochistisch zu sein. Sie ist intelligent, sogar schlau, und dennoch verletzlich genug, um seine männliche Beschützerrolle zu beanspruchen, die er so gern anbietet. Umgekehrt braucht sie einen Partner, der zärtlich genug ist, um ihre eigenen übersensiblen Gefühle rücksichtsvoll zu behandeln – und keiner kann das besser als ein Fische-Mann.

Ihre körperliche Vereinigung ist selten übermäßig leidenschaftlich. Das bedeutet aber noch lange nicht, daß sie ein wenig bewegtes Geschlechtsleben führen. Ihr sexuelles Erleben kann sogar sehr intim, intim im wahrsten Sinne des Wortes sein. Sie können aus der dunklen, trüben, irdischen Eintönigkeit ihrer materiell eingestellten Umwelt in ihre Liebe flüchten. Sex kann für diese beiden die Möglichkeit sein, ihren Seelenfrieden wiederzufinden.

Stellt eine Fische-Frau fest, daß ihr Fische-Mann mit seiner Arbeit unzufrieden und unglücklich ist, mutlos zu Hause umherirrt und immer abwesender und verschlossener wird, dann sollte sie versuchen, sich ihm in seiner Einsamkeit anzunehmen. Wenn sie es versucht, dann ist sie *die* Frau, die ihm die Gründe für seinen Gemütszustand erklären kann, denn trotz ihres intuitiven Wahrnehmungsvermögens und ihrer Gefühle für andere sind Fische sehr selten selbstkritisch. Er ist unter dem Einfluß von Neptun geboren, und deshalb weiß er instinktiv, daß der Mensch eine *Seele* hat – und die will er wiederfinden.

Wenn der Fisch nicht den Weg findet, um sein wahres Ziel beharrlich zu verfolgen, dann wird er leicht in Frustration verfallen und in stiller Verzweiflung seine Enttäuschung in Alkohol und Drogen ertränken. Er braucht eine Frau, die ihn versteht, ihn nicht in die Ketten ihrer eigenen Ängste legt – und ihn wegen seiner Gefühlstiefe nicht verdammt.

Was die Fische-Frau angeht, so bedeuten ihr wechselnder Gemütszustand, ihre regelmäßigen Tränenausbrüche und ihre langen Momente des Schweigens, daß auch sie wünscht, sie könnte sich von den Mühsalen ihrer Existenz befreien.

Alles, was sie sucht, ist eine leichte Berührung ihrer Hand, ein Zeichen, ein antwortendes Strahlen in den Augen ihres Fische-Geliebten oder -Gatten, das ihr bedeutet, daß er weiß, ja wirklich *weiß*, wie schmachtend sie sich danach sehnt, die Sicherheit gegen die Freiheit einzutauschen. Dann können sie gemeinsam aufbrechen, egal ob es Zeit für einen Urlaub ist oder nicht. Neptun mahnt beide, daß es an der Zeit ist, ihren Träumen nachzugehen – jetzt oder nie.

Wenn zwei Fische beschließen, frei zu leben und sich zu lieben, dann werden sie glücklich und zufrieden in perfekter Harmonie miteinander leben. Wenn sie aber in starre Gewohnheiten verfallen und ihre Chancen zum Glücklichsein ungenutzt lassen, dann werden sie nach einer Weile anfangen, den anderen zu betrügen, die notwendige Anstrengung emotionaler Konfrontation meiden und immer weiter auseinanderleben.

Die Fische-Widder Beziehung

Die Verhaltensweise, die sich beim Widder abzeichnet, ist *Aggressivität,* manchmal im Übermaß. Die Verhaltensweise, die sich bei den Fischen abzeichnet, ist *Anpassung*, manchmal im Übermaß. Der Widder ist ein Feuerzeichen, der Fisch ein Wasserzeichen. So besteht ein bedeutender Unterschied zwischen der Aggressivität des Widders und der Anpassung des Fischs.

Man kann sehen, wie sich der Fisch anpaßt. Was man aber vielleicht nicht sehen kann, sind die verschiedenen Motivationen dafür. Der herzensfreundliche Fisch möchte gefallen, wo er kann. Jeder Fisch fürchtet die Schwierigkeiten einer offenen Konfrontation, und er sieht es nicht gern, wenn sich alle Aufmerksamkeit auf ihn konzentriert. Aber es gibt auch noch subtilere Gründe dafür, daß der Fisch sich nur widerstrebend eine persönliche Meinung bildet: Er ist immer auf der Hut vor Schnüfflern.

Wenn ein Widder auf einen Fisch trifft, sieht es so aus, als könnte dessen liebe, sanfte und zärtliche Seele von dem Widder-Menschen mehr oder weniger, wie es ihm gefällt, herumgestoßen werden. Ich sage es nicht gern, doch es ist genau das, was der feurige Widder oft mit dem Fisch, dessen Element das Wasser ist, versucht. Doch der Widder sollte die Naturwissenschaften studieren.

Dabei wird er vieles über die Elemente lernen – Erde, Luft, Feuer und Wasser –, und daß Wasser für das Feuer gefährlich werden kann. Das Geheimnis der großen Kraft des Wassers ist sein Nicht-Widerstand. Wasser *leistet keinen Widerstand*. Was geschieht, wenn man einen Kieselstein in einen Fluß wirft? Das Wasser zeigt keinen Widerstand dem Objekt gegenüber, das seine Ruhe durchdringt. Der Fluß öffnet sich, schluckt den Kieselstein, bedeckt ihn – und setzt seinen Weg fort.

Der Fisch ist von der geheimnisvollen, unendlichen Weisheit des Neptun beeinflußt; aus diesem Grund widersteht er selten dem aggressiveren Widder, der von der feurigen Kraft des roten Planeten Mars geführt wird. Der Widder spürt oft, daß der Fisch eine beruhigende, kühlende Wirkung auf seine flammenden Frustrationen hat. Eine Verbindung zwischen ihnen ist gewöhnlich für beide günstig.

Hier handelt es sich um eine 2:12-Sonnenzeichen-Kombination, d.h. daß Widder das zweite Haus zum Fisch darstellt und der Fisch das zwölfte Haus zum Widder. Im Klartext bedeutet dies, daß der Widder auf die eine oder die andere Art für den Fisch Geld symbolisiert, im negativen oder auch positiven Sinn. Irgendwie wird Geld immer eine bedeutende Rolle spielen und ein häufiges Gesprächsthema zwischen diesen beiden sein.

Für den Widder ist der Fisch ein Mensch, der viele Geheimnisse hat, sie für sich behält und nicht erzählt, und dies verärgert den Widder zutiefst. Ist dies nicht der Fall, so verbringen die beiden viel Zeit damit, ihre Geheimnisse zu diskutieren – oder ihre in der Vergangenheit erlittenen Niederlagen.

Da der Fisch im karmischen Rad hinter dem Widder steht, fühlt der Widder eine instinktive Toleranz für die schwachen Seiten des Fisches und versteht irgendwie sein Verhalten, obwohl es noch so sehr von seinem eigenen abweicht. Man könnte sagen, daß der Widder das Verhalten des Fisches ohne Neid, und ohne es zu verdammen, versteht und anerkennt.

Wegen des 2:12-Einflusses wird der Fisch immer irgendwie zum Widder aufsehen, als hätte dieser ihn etwas Wichtiges zu lehren; im Gegensatz zu den anderen Sonnenzeichen imitiert und lernt der Fisch gern vom Widder, dem Zeichen, das im Tierkreis vor ihm steht. (Wasser ist nicht nur das stärkste und mächtigste der vier Elemente – Wasser ist auch das weiteste – und *aus diesem Grund* das stärkste.)

Im großen und ganzen verstehen sich Widder und Fische gut,

und keiner von beiden ist besonders daran interessiert, in die Lebensweise des anderen einzugreifen, sondern eher daran, diese zu ergänzen. Jedoch wird es Zeiten geben, in denen hitzige Auseinandersetzungen (Widder) oder eisige Ablehnung (Fische) drohen. Der direkte Widder hat wenig Geduld mit der Taktik des ausweichenden Fisches.

Das Fische-Motto: »Versprich alles, aber halte dich nicht daran«, klingt vielleicht hinterlistig; aber es ist eine Philosophie, die den Fisch jung und gelassen sein läßt – und von der Couch des Psychiaters fernhält. Es gestattet dem Fisch, seine Energie zu erhalten, und ermöglicht ihm, ruhig genug zu bleiben, um sich die Sorgen der anderen stundenlang anzuhören. Für den Widder jedoch bleibt hinterlistig immer hinterlistig.

Fische-Frau – Widder-Mann

Da kein Mann männlicher als der Widder und keine Frau weiblicher als die Fische-Frau ist, wird die Liebe zwischen diesen beiden niemals durch eine unklare Verteilung der Geschlechterrollen getrübt. Sie sind wirklich in jeder Beziehung ein ideales Paar. Wenn sich Widder und Fisch verlieben, lächelt Mutter Natur zustimmend.

Im günstigsten Falle bringt diese Verbindung all den leuchtenden Heldenmut des Widders und all die zärtliche Verehrung der Fische-Frau zum Vorschein. Diese beiden verkörpern Romeo und Julia in Person. Im ungünstigsten Falle zeigt diese Beziehung seinen latenten Mars-Sadismus und ihren latenten Neptun-Masochismus. Aber selbst, wenn er an diesem tyrannischen Herr-im-Haus-Spiel und sie an ihrem unschuldigen Eva-Spiel Gefallen findet, warum sollten wir ihnen diesen Spaß verderben?

Widder und Fische kommen gewöhnlich nicht so gut miteinander aus, vor allem über eine lange Zeitspanne hinweg. Er würde mit einem Luft- oder Feuerzeichen normalerweise besser harmonieren und sie mit einem Erd- oder Wasserzeichen. Im Grund sind die beiden ziemlich verschieden, und zwar im Sinn der unsterblichen Worte der Franzosen: »Vive la différence!« Dies könnte Grund genug sein, daß sie sich zu Beginn anziehen. Wenn sie diese erste Sympathie zu einer stabilen Beziehung ausbauen möchten, hätten sie gute Aussichten auf Erfolg.

Ein Fische-Mädchen ist ein ausgezeichneter Zuhörer. Auf diese Weise hat sie alle Bewunderer um sich geschart, seit der Volksschule. Auch ist sie wunderbar bescheiden und mitfühlend, und *aus diesem Grund* verfängt sie sich in ihrem eigenen Neptun-Netz. Eine Fische-Frau, die schließlich fühlt, daß ihre Individualität von dem dominierenden Ego des geliebten Widder-Manns erstickt wird, protestiert gewöhnlich nicht lautstark oder streitet sich deswegen nicht mit ihm. Wie verzweifelt sie auch sein mag, sie lächelt wahrscheinlich . . . doch mit einem leeren Ausdruck in den Augen. Wenn er über eine Kleinigkeit in Wut gerät, steckt sie das ein und läßt ihn wüten. Sie blinzelt nur ein paarmal und gähnt. Ihr Gähnen könnte aber ein stiller Schrei sein.

Sollte sie den Anschein erwecken, zu träumen oder sich gehen zu lassen, sollte sie geistesabwesend lächeln und ihre Aufmerksamkeit ihm nicht ungeteilt gelten, so muß sich der Widder fragen, ob er nicht ihre Wünsche vernachlässigt hat, indem er seine eigenen verfolgte, was er sehr gern tut, obwohl niemals absichtlich. Ein Widder-Mann ist sich seiner gelegentlichen Selbstsucht nie bewußt.

Er hatte nie die Absicht, brutal oder gefühllos zu sein. Niemand kann so sentimental, herzensgut, töricht großzügig und loyal in der Liebe sein wie der Widder.

Dies bringt uns zum Thema der Untreue (ein Thema, das wir schließlich in jedem Widder-Kapitel anschneiden). Ein Fische-Mädchen flirtet nicht mit anderen Männern, aber Vorsicht: die Männer flirten mit *ihr*. Sie sucht keine Abenteuer, aber sie hält die Bewunderung des männlichen Geschlechts für den nettesten Teil eines Frauenlebens.

Auch der Widder ist kein Playboy-Typ. Er wird eine kleine Verehrung durch das andere Geschlecht jedoch nicht zurückweisen, sie poliert schließlich sein Selbstwertgefühl auf. Es ist für ihn ein Teil des Männerlebens. Was die Treue angeht, so sollten sich zwischen ihnen keine Schwierigkeiten ergeben; es werden aber wahrscheinlich doch welche auftreten. Die Fische-Frau neigt dazu, ihrem Mann zu vertrauen und ihn zu verstehen – der Widder jedoch besteht nie so nachdrücklich auf der Freiheit seines Partners wie auf seiner eigenen. Seiner Meinung nach sind *seine* gelegentlichen Treffen mit anderen Frauen harmlos. Die ihren dagegen sind seiner Meinung verdächtige, vorsätzliche Handlungen, die auf einen wirklichen Akt der Untreue hinzielen.

Dies ist natürlich ganz und gar nicht fair. Es könnte helfen, wenn sie erkennt, daß seine Einstellung auf keiner romantischen Selbstsucht beruht, sondern auf seinen gut verborgenen Gefühlen der Unzulänglichkeit. Da sie vom Mitgefühl des Neptun beeinflußt und geführt wird, versteht sie wahrscheinlich seine geheimen Ängste und wird sich demgemäß verhalten. Ob er recht hat oder nicht, ein Widder-Mann wird niemals eine wild flirtende oder untreue Frau tolerieren – und ein kleiner Flirt ist mehr als genug für ihn.

Nehmen Sie zwei vollkommen verschiedenartige Menschen – werden sie sich mehr und mehr lieben – oder weniger und weniger? Für Widder und Fische sind nicht die Unterschiede zwischen ihnen von Bedeutung, sondern das, was sie gemeinsam haben – die Angst, in ihren Gefühlen verletzt zu werden. Ihre Verletzlichkeit ist leicht erkennbar – *seine* ist vielleicht durch die Mars-Tapferkeit und -Dreistigkeit verkleidet, aber sie ist ebenso vorhanden, wird ebenso schmerzhaft empfunden wie *sie* die eigene empfindet.

Fische-Mann – Widder-Frau

In der Widder-Fische-Kombination gibt es weniger Reibereien, wenn er im Zeichen Widder und sie im Zeichen Fische geboren ist. Eine Widder-Frau braucht einen Mann, der ein sehr dickes Fell hat und auch mal mit der Faust auf den Tisch schlägt und sagt: »Sei ruhig und hör zu«, wenn es nötig ist. Und es wird bei dieser Frau ganz bestimmt von Zeit zu Zeit nötig sein.

Natürlich gibt es auch hier die Ausnahmen, die die astrologische Regel bestätigen. Ein Fische-Mann etwa, dessen Mond oder Aszendent in einem Feuerzeichen wie Widder, Schütze oder Löwe steht, kann vielleicht die richtige Mischung aus feurigem Befehlston und sanftem Verhalten besitzen, um diese eher impulsive Frau in ein sanftes Lamm zu verwandeln. Vielleicht nicht ganz *so* sanft – aber fügsamer und leichter lenkbar, als sie es bei anderen Männern wäre.

Irgendwie ist es genau das, wonach sie sich sehnt und was sie sucht: jemand, der sie – gelegentlich – an die Kandare nimmt (und sie weiblich fühlen läßt), der ihr meist erlaubt, das Kommando zu führen – und der (für die Zeit, die noch übrigbleibt), der edelmütige, charmante Prinz ihrer Träume ist. Sie braucht einen großen starken Bruder, der sie beschützt, einen Kameraden, der ihr an Intelligenz ebenbürtig ist, einen Liebhaber, der sie erobert, und einen ruhigen Mann, der nicht versucht, ihre lebendige Persönlichkeit einzuschränken oder sie zu beherrschen.

Eine Widder-Frau ist fröhlich und lebenslustig. Sie ist hübsch, energisch, geistvoll und sprüht vor Wärme und Großzügigkeit. Doch man muß sie gelegentlich etwas zügeln, wenn ihr Geburtsherrscher Mars sie zu lebhaft und übermütig werden läßt – in ihrem eigenen Interesse oder im Hinblick auf die Seelenruhe ihres geliebten Mannes.

Ein Fische-Mann glaubt wahrscheinlich mehr als jeder andere Mann an die romantische Zauberwelt, in der jede Widder-Frau lebt. Sie wird ihn dafür lieben. Sie vertraut seinen Träumen, glaubt an seine Visionen – und wird (zumindest am Anfang) vor Erregung über sein Feingefühl und seine Zärtlichkeit zittern. Dann wird sie das unwiderstehliche Verlangen spüren, ihn gegen Menschen zu verteidigen, die ihn auf unfaire Weise als einen müßigen Träumer ohne Zukunft beurteilen.

Der Fische-Mensch wurde unter einem komplizierten und schwierigen Sonnenzeichen geboren. Die Sterne bedeuteten ihm bei seiner Geburt, daß er seinen Weg durch einen Nebel von Tagträumen finden müsse. Sein herrschender Planet Neptun scheint ihn auf ewig in Situationen zu führen, die so mysteriös und mit Intrigen und Halbwahrheiten gespickt sind, daß nicht einmal ein Hellseher auf den Grund dieses Durcheinanders sehen könnte.

Doch nicht nur das: sein Neptun-Mitleid kann ihn in Lagen bringen, die man nur mit seltsam bezeichnen kann. Dies zwingt ihn dazu, seine übertriebene Empfindsamkeit unter den verschiedenartigsten Deckmänteln zu verbergen – von Verschrobenheit und Reizbarkeit bis zur Trunkenheit und Flucht in den Drogenkonsum. Aber viele kreative Schriftsteller, phantasievolle Künstler und abstrakte Denker (wie Einstein) waren auch Fische; nur haben sie gelernt, die von ihrer Neptun-Natur verursachten Probleme in den Griff zu bekommen. Jeder Fisch kann sich aussuchen, wohin er schwimmt, wenn er aus den chaotischen Gegenströmungen ausbricht.

Die Gefahr, die einer Beziehung zwischen einer Widder-Frau und einem Fische-Mann anhaftet, ist die, daß sie ihre Geschlechterrollen vertauschen können. Ein männlicher Fisch kann so männlich, kräftig und muskulös sein wie der Mann von nebenan. Aber auch viel zu empfindlich – für einen Mann. Der weibliche Fisch kann so weiblich, lieblich und bezaubernd sein wie das Mädchen von nebenan. Aber sie ist auch energisch, unabhängig und hat einen starken Willen – ungewöhnlich für eine Frau. Aus seinem Instinkt heraus, vor Konflikten zurückzuweichen, zieht der Fische-Mann es vor, vor dem Feuer der Widder-Frau lieber zu kapitulieren, anstatt ihm die Stirn zu bieten.

Sie wird ihm vielleicht auch seine Weigerung, sich mit anderen anzulegen, übelnehmen. Es geht über ihr Verständnis, wie jemand soviel hinnehmen kann. Ebenso wie es über *sein* Verständnis geht, wie jemand ständig auf beiden Füßen steht, kämpft, angreift und dabei alle Energie verschwendet. Wenn seine Milde ins Extreme geht, kann sie das schließlich dazu anstacheln, beißende und unfreundliche Bemerkungen auszustoßen, die sie nicht wirklich meint, die jedoch seine Gefühle zutiefst verletzen.

Die sexuelle Beziehung zwischen ihnen ist eine ewige und wunderbare gegenseitige Anziehung explosiver Aktivität und kühler Ruhe und Gelassenheit. Aber sie kann auch die Anziehung eines potentiellen Eroberers auf ein potentielles Opfer sein, sollten ungünstige Planeten-Einflüsse zwischen ihren jeweiligen Horoskopen bestehen. Bei günstigen Planeten-Aspekten zwischen den Horoskopen könnten Widder und Fische aber eine außergewöhnlich glückliche Beziehung entwickeln, die zeitweilige Streitigkeiten oder verletzte Gefühle leicht überdauert.

Ein Fische-Mann, der eine Widder-Frau lehren will, ruhig neben ihm zu schwimmen, muß mit ihr ein- für allemal ins reine kommen. Seine Vorliebe, Geheimnisse für sich zu behalten und Halbwahrheiten zu sagen, um ihre (und seine) Gefühle nicht zu verletzen, kann diese Frau niemals verstehen. Sie legt alle Karten auf den Tisch und vertraut keinem Spieler, der seine Asse im Ärmel versteckt. Wenn der Fische-Mann nicht bereit ist, hundertprozentig ehrlich zu ihr zu sein, in jeder Beziehung, sollte er sich lieber einen anderen Partner suchen.

Sollte er eines Tages entdecken, daß er ihr nichts vorenthalten kann, nicht einmal seine innersten Gefühle, und er sich gezwungen fühlt, all seine geheimen Sehnsüchte für sie aufzudekken – dann liebt er sie. Es ist das erste Zeichen der Kapitulation eines Fische-Manns.

Aber es ist keine Garantie dafür, daß seine Kapitulation zur Ehe führt. Diesem Mann widerstrebt es ganz besonders, die Komplikationen einer emotionalen *wie auch* legalen Bindung auf sich zu nehmen.

Er schwankt vielleicht, ob er sie verlassen oder zurückkehren soll, und ist sich nicht sicher, wie er seine Verehrung für sie ausdrücken kann. Aber alles, was sie will, ist, geliebt und verstanden zu werden – sie will so, wie sie ist, anerkannt werden. Tatsächlich ist es das gleiche, was auch er will.

Die Fische-Stier Beziehung

Ja, sie sind zu dritt, da das Zeichen Fische ein Doppelzeichen ist, das von zwei Fischen symbolisiert wird, die in entgegengesetzter Richtung schwimmen. Zum einen stellt dieses Symbol die machtvolle Polarität geistiger und menschlicher Eigenschaften der Fische dar, die miteinander in Einklang gebracht werden müssen, zum anderen deutet es die Versuchung der Fische an, sich eher ohne Anstrengung flußabwärts treiben zu lassen, als sich auf die schwierigere Reise flußaufwärts zu begeben, um den Berg der Erleuchtung zu erreichen.

Der Fisch strebt über die Grenzen irdischen Wissens hinaus, da er in einem Wasserzeichen geboren ist, und Neptun (sein Geburtsherrscher) läßt in ihm die geistigen Schwingungen des Universums leuchten. Die im Zeichen Fische geborenen Drogenabhängigen, Alkoholiker, Genies und Heiligen visieren oft das gleiche Ziel an. Was sie voneinander unterscheidet, ist der Grad der Erfahrung, den jeder dem Leben abgewinnen kann.

Der Stier kann für die Fische eine große Hilfe sein, um Erfahrungen auf praktische Art zu sammeln, durch die Realität des Greifbaren. Bis sich diese beiden näher kennengelernt haben, kann der Stier den Fisch für eine törichte Kreatur halten, der in wäßrigen Illusionen herumschwimmt und Tagträume verfolgt.

Der Fisch denkt vielleicht, der Stier sei ein gefährliches Tier, das das Kornfeld niedertrampelt, den Kopf voller eigensinniger Meinungen hat und dem schnöden Mammon nachjagt. Geld ist (zumindest unterbewußt) ein schmutziges Wort für die meisten

Fische. Es bereitet ihnen Verdruß, sich darauf konzentrieren zu müssen, wie man es verdient, behält, ausgibt, einteilt und spart. Sie würden sich wohler fühlen, wenn ihnen ein anderer die leidigen Geldprobleme aus der Hand nimmt und sie versorgt mit Essen, Trinken, Träumen, Theater- und Konzertkarten, Kleidung – und ihnen die viele freie Zeit erlaubt, an Erfindungen, künstlerischen Kreationen oder wissenschaftlichen Forschungen zu basteln. Alles übrige Geld kann ans Waisenhaus gehen, ans Tierasyl, an karitative Organisationen, an die Umweltschützer, das Finanzamt oder was auch immer.

Der typische Fisch sieht keinen vernünftigen Anlaß, überschüssiges Geld unter der Matratze oder auf der Bank verstauben zu lassen. Der Fisch sorgt sich nur um Geld, wenn er keines hat. Dann wird es zu einer beängstigenden Notwendigkeit für die Fortführung seiner veränderlichen, träumerischen, vielgesichtigen Existenz. Ansonsten langweilt es den Fisch. Im Unterbewußtsein spürt er, daß der Reichtum eines vermögenden Mannes nur auf dem Papier steht.

Es ist wichtig, sich seinem Sonnenzeichen entsprechend zu verhalten, welche entgegenstehenden Planeten-Einflüsse auch an der Psyche zehren, da jedes einzelne der zwölf Sonnenzeichen einen bestimmten Zweck in der menschlichen Entwicklung erfüllt. Ein eitler, extravaganter Stier ist immer eine äußerst unglückliche Person, ebenso wie ein nüchterner, gewinnsüchtiger Fisch ein trauriger, neurotischer Mensch ist. Wenn die beiden ihre Kräfte vereinten, könnten sie jeder das tun, was ihrer Natur entspricht.

Der Fisch könnte dem Stier phantasievollere Wege zeigen, wie man zu Geld kommt, ihm das Vergnügen des Teilens mit anderen beibringen und das ewig gültige Gesetz: Je mehr man gibt, desto mehr bekommt man zurück. Andererseits kann der Stier dem Fisch den nötigen Respekt vor minimaler Sicherheit lehren, daß es weiser ist, wenigstens ein paar Geldscheine auf die hohe Kante zu legen, auch wenn man das Geld sonst mit vollen Händen ausgibt, falls doch noch einige magere Tage kommen sollten. Es ist so mühselig, im Regen an der Ecke stehen und den Hut aufhalten zu müssen.

Es gibt natürlich auch Fische, die von Umständen und Erinnerungen an Kinderjahre in Armut gezwungen werden, sich darüber Sorgen zu machen, ob sie nicht auch einmal mit dem Hut in der Hand betteln müssen, also knausern sie mit ihren paar Pfennigen, doch hassen sie sich im Innersten selbst wegen ihres Geizes. Wenn sie aufhören würden zu knausern und das Geld ausgeben würden, würde es wieder, wie von Zauberhand, aus anderen Quellen ersetzt. Wenn diese Fische auf den Rat ihres Herzens hören würden, könnten sie über ihr Huttrauma hinwegkommen und zur gleichen Zeit ihrer Armut ein Ende setzen.

Ein seltsamer und interessanter Unterschied zwischen Stier und Fische ist eine Tatsache, die so einfach wie die Namen der beiden ist. Sehr wenige Stier-Menschen haben Spitznamen, und falls sie einen haben, gefällt er ihnen gewöhnlich nicht. Der typische Stier wird immer davor scheuen, seinen Namen zu ändern, selbst wenn er einen sehr ausgefallenen hat. Vielleicht leidet er während seiner Kindheit darunter, doch wenn er einmal erwachsen ist, ist er davon überzeugt, daß sein Name einen guten, soliden Klang hat.

Beinahe jeder Fisch hingegen hat entweder schon einen Spitznamen oder wünscht sich im geheimen einen. Sollten ihm, nach einer gewissen Zeit, seine Freunde diesen Gefallen verweigern, so wird er selbst ein Alias annehmen. Ein Fische-Mädchen oder -Frau mit Namen Katharina wird mit dem Gedanken spielen, ihn *Katrin* zu buchstabieren – ein Fische-Junge oder -Mann namens Johann wird sich vielleicht *Hans* nennen oder auf den Gedanken kommen, ihn auf legalem Weg in einen klangvolleren *Hannes* einzutauschen. Irgend etwas, um das Leben exotischer zu gestalten und um die Identität vor den Schnüfflern zu verbergen, die ihre Nasen gern in das Leben anderer stecken.

Der Stier kennt dieses Davonschleichen nicht. Wenn er einer Situation ins Auge sehen muß, so tut er es mit großem Mut, und er wird auch stur bleiben, bis er seinen Standpunkt behauptet hat. Der Stier hat einen köstlichen, reichen, einfach wunderbaren Humor. Es ist nicht spitzfindige, beißende Ironie, sondern jener herzliche Humor, der aus der farbenfrohen Realität des täglichen Lebens stammt. Da der gescheite, manchmal hochintelligente Fisch Humor selten zu schätzen weiß, werden die beiden entweder ihre Unterschiede vergessen, oder sie lösen sie durch einen Kompromiß ihrer Erd- und Wasserelemente, die im wesentlichen in der Astrologie verträglich sind.

Da es sich hier um eine 3:11-Sonnenzeichen-Kombination handelt, ist ein Zusammentreffen von Stier und Fisch selten zufällig. Wie alle von dieser Kombination beeinflußten Menschen werden diese beiden vom Schicksal geleitet. Wie jene Menschen, deren Geburtstagszahlen (nicht Monat und Jahr) zusammenaddiert die Zahl 4 oder 8 ergeben, sind sie dem Leben von 4 oder 8 Personen eng verbunden, ob sie es wünschen oder nicht, angenehm oder unangenehm, und herausfinden, daß sie keine Wahl haben, zu entscheiden, wann sie einander begegnen oder wann sie sich wieder trennen. Die beiden werden magnetisch voneinander angezogen, um das karmische Gleichgewicht von Aktion und Reaktion herzustellen.

Stiere und Fische haben, wie alle anderen von einer 3:11-Kombination beeinflußten Menschen, sehr gute Chancen, Glück und Harmonie in ihrem gegenwärtigen gemeinsamen Leben zu finden, wenn sie bereit sind, die Pflichten und Verantwortungen vergangener Verbindlichkeiten auf sich zu nehmen – d. h. die oft gespannten Aspekte ihrer Verbindung von Zeit zu Zeit zu tragen und auch die Lasten des anderen.

Im Grunde tolerieren Stier und Fische die Schwächen des anderen. Aber der Stier erkennt die Notwendigkeit, der Realität ins Auge zu sehen.

Fische dagegen sind alle sehr alte Seelen, ob sie nun flußauf oder flußab schwimmen. Fische haben auf ihren Reisen Horizonte von solch unirdischer Schönheit hinter sich gelassen, die die Neptun-Herzen höher schlagen lassen, wenn er sie in ihren Träumen besucht. Also kann der Fisch den Realitäten dieser Erde nicht ins Auge sehen. Er weiß, die *wirkliche* »Erbsünde« ist, Traurigkeit und Häßlichkeit zu sehen und zu erkennen, wenn wir Harmonie und Schönheit sehen und erkennen sollten.

Für den Stier ist das Erkennen einer anderen Art von Sünde nötig, um die Erleuchtung der Seele und das Seelenheil zu erlangen. Daher sieht sich der Stier gezwungen, den Fisch dazu anzutreiben, sich der Selbsttäuschung und der Flucht in die Phantasiewelt schuldig zu bekennen – und Dinge zu sehen, wie sie sind. Dadurch werden die klaren, sprühenden Ströme der Fische-Visionen zurückgedrängt auf die reiche, feste Erde durch die praktischen Eigenschaften des umsichtigen Stiers.

Fische-Frau – Stier-Mann

Erinnern Sie sich noch, wie Sie als Kind gern einem Zauberer zugesehen und gestaunt haben, wie er es fertigbrachte, vor Ihren Augen weiße Kaninchen, Seidenrosen und farbige Bänder verschwinden zu lassen? Ein Stier-Mann, der sich in ein Fische-Mädchen verliebt und der sich nicht mit Astrologie beschäftigt hat, wird vielleicht die Gelegenheit bekommen, diese Erfahrung noch einmal zu machen. Es kann Monate oder Jahre dauern, bis sie den Zaubertrick des Verschwindens meistert. Und sie wird es auch nicht vorher ankündigen, wenn sie es tut, weil Fische es nicht mögen, in beklemmende Kontroversen verwikkelt zu werden und sich endlose Beschuldigungen anhören zu müssen. Der Grund für ihr Verschwinden wird seine unbeugsame männliche Überlegenheit sein, die ihr bei ungünstigen Planetenaspekten das Leben mit ihm vergällt.

Natürlich sind nicht alle Stier-Fische-Paare so weit polarisiert durch seine unbeugsame männliche Überlegenheit und ihre schüchterne Weiblichkeit und Ergebenheit. Bei harmonischen Aspekten können diese beiden eine zufriedenstellende Liebesbeziehung erreichen, da sie viele Gemeinsamkeiten haben und können ein echter Trost für den anderen sein, wenn das Leben ihnen einiges abverlangt. Jeder Mann ist dankbar für jemanden, der sich seine Sorgen anhört, besonders dann, wenn dieser Jemand eine aufmerksame, zärtliche Frau mit sanfter Stimme ist. Doch wie die menschliche Natur nun einmal ist, wird jeder Mann versuchen, es so weit wie möglich auszunützen, wenn eine Frau so tolerant und verständnisvoll ist. Ein Stier-Mann ist bestimmt nicht die Ausnahme von dieser Regel. Deshalb sollte eine Fische-Frau, die in einen Stier verliebt ist, ihr Selbstbewußtsein stärken, wenn sie den Zaubertrick lernen will, um ihn in einen liebenswerten Stier zu verwandeln.

Eines hat sie ihm jedoch voraus: Hinter ihrer fügsamen Art verbirgt sich ein sehr reger und höchst aufnahmefähiger Verstand. Sie wird ihm auf die Schliche kommen, wenn er es am wenigsten erwartet, wenn er z. B. glaubt, sein Flirt mit einer anderen Frau bliebe unbemerkt. Sie wird ihm vergeben, vielleicht sogar zu schnell, zumindest das erste Mal. Erst, wenn er versucht, ihr ihre Träume zu verbieten und ihr Wesen nach seinen Vorstellungen zu verändern, wird sie ihre Zähigkeit brauchen.

Ein Stier-Mann wird es leichter haben, eine Fische-Frau zu verstehen, wenn er nicht vergißt, daß sie all diese emotionalen Schwingungen in ihrer unmittelbaren Umgebung (eingeschlossen seiner eigenen) nicht nur reflektiert, sondern sie auch innerlich *aufsaugt* wie ein Schwamm.

Eines der Dinge, die den Stier-Mann an seiner Fische-Frau stören kann, ist die Einstellung des Neptun zur Wahrheit. Für sie ist Wahrheit das, was sie im Moment fühlt, und was sie gerade fühlt, wird immer von anderen Leuten, Situationen und Standpunkten beeinflußt und verändert. Der Fisch sieht die Wahrheit nicht statisch, sondern als eine sich ständig ändernde Angelegenheit, die von vielen Interpretationen abhängt.

Der Stier sieht die Wahrheit als eine ewig gültige und unveränderliche Tatsache. Das ist es, was man eine Polarität von Meinungen nennt. Welche ist richtig? Tatsächlich sind beide richtig, zu verschiedenen Zeiten, es hängt davon ab, welche Art von Wahrheit gemeint ist. Manche Wahrheiten sind universal, ewig, unveränderlich. Andere sind vielseitig und individuell. Und wieder andere sind einem ständigen Wandel unterworfen, da sie in Beziehung zu Gefühlen und Emotionen der Menschen im Augenblick stehen – oder zu der gegenwärtig herrschenden öffentlichen Meinung. Einige Wahrheiten wiederum beruhen auf einer unbestreitbaren *Tatsache* – wie zum Beispiel: Warst du unter der Dusche vor einer Stunde? –, worauf es nur eine Antwort gibt, ja oder nein. Da alles innerhalb des Kosmos relativ ist, warum sollte die Wahrheit eine Ausnahme sein? Fragen nach Tatsachen, die sich auf weiter entfernte Ereignisse beziehen, wie: Wurde Lincoln ermordet? u. s. w. fallen in eine tiefere esoterische und metaphysisch-geistige Kategorie, die hier nicht weiter erörtert werden soll und kann.

Die Wahrheit, in ihren verschiedenen Formen und Darstellungen, ist nicht allzu wichtig für diesen Mann und diese Frau in ihrem sexuellen Ausdruck der Liebe. Dies ist ein Gebiet, auf dem die einzige Wahrheit der Friede der Erfüllung ist, den sie sich gegenseitig schenken. Wenn es keine ungünstigen Planetenstellungen in den jeweiligen Geburtshoroskopen gibt und sich keine ungünstigen Aspekte zwischen den Planeten der beiden ergeben, könnte die sexuelle Harmonie zwischen Stier-Mann und Fische-Frau eine Angelegenheit unermeßlicher Wahrheit und Schönheit sein – die starke Anziehungskraft von Erde und Wasser und umgekehrt. Besonders wenn die Sonne und der Mond der beiden einen starken und positiven Aspekt bilden, können diese beiden beinahe in ihrer eigenen Welt leben, die von der Gemeinsamkeit der Sinne zusammengehalten wird und alles übertrifft, was sich Feuer- und Luftzeichen vorstellen können. Wenige gemeinsame menschliche Erfahrungen sind tröstender als die physische Demonstration der Liebe zwischen einem Stier-Mann und einer Fische-Frau, die sich gegenseitig dem anderen verschrieben haben, ohne ihr gemeinsames Verlangen in Frage zu stellen, sondern nur den Wunsch haben, darauf einzugehen. Es ist nicht die explosive Leidenschaft anderer Sonnenzeichen-Paare, sondern die seltene Zärtlichkeit und Zuneigung, die so warm gegeben und so ruhig beantwortet wird, die ihre Vereinigung so vollkommen und zur friedenstiftenden Intimität macht.

Sollte er versuchen, sie in eine bestimmte Schablone zu zwängen, zieht sie sich vielleicht zurück oder, schlimmer, sie zieht aus und schürt damit den Zorn des Stiers und weckt seine besitzergreifenden Instinkte. Vielleicht verursacht er bei ihr ein Gefühl der Einsamkeit, wenn er zu beschäftigt ist, um mit ihr gemeinsam die Dinge, die sie fühlt, hört und sieht, zu erleben. Doch können sie gemeinsam durch ihre Unterschiede wachsen, während sie Trost in ihrer Gleichheit finden – wenn sie ihm genügend Zeichen der Zuneigung gibt – und er ihr seine Standfestigkeit leiht, an die sie sich schmiegen kann, wenn ihre Träume nicht wahr werden und ihre Sehnsüchte sie traurig machen.

Fische-Mann – Stier-Frau

Der Stier und der Fisch lieben beide Ruhe und Frieden. Beide würden schlafende Hunde nicht wecken. Warum sich zusätzliche Schwierigkeiten machen? Sie glauben beide, daß einem jeden Tag genug davon in den Schoß fallen, ungebeten, ohne daß man sich darum bemüht. Der Fische-Mann stimmt dieser Ansicht von ganzem Herzen zu. Erwartet man Schwierigkeiten, so kommen sie umgehend auf einen zu, so sieht er es. Also fordern Sie das Schicksal nicht heraus; es hat bestimmt Probleme für Sie parat, und wenn Sie dann vor diesen Problemen stehen, können Sie nichts anderes tun, als sich selbst die Schuld zu geben. Nein, das ist doch nicht ganz richtig. Die Mißgeschicke des Fisches sind selten seine eigene Schuld. Der Fisch verwickelt sich nur ganz natürlich in die Probleme anderer, weil er ein so guter Zuhörer ist.

Eine andere Eigenschaft, die diese beiden gemeinsam haben, ist, daß sie wegen ihrer Neigung zu dumpfem Brüten und ihrer Tendenz zum Pessimismus in die Fänge der Schwermut geraten. Aber die Stier-Frau ist oft geduldiger und überzeugter im Hinblick auf das Endergebnis als der innerlich ruhelose Fisch. Ihr macht es nichts aus, eine Falle für jedermann oder für etwas zu stellen, was sie besitzen will, und dann, ohne Murren, so lange wie nötig zu warten, bis die Falle zuschnappt.

Das ist keine schlechte Angewohnheit, vor allem wenn sie plant, sich ernsthaft mit einem Fische-Mann einzulassen, da die meisten Fische wahrscheinlich in ihrem ganzen Leben noch nie pünktlich waren.

Der Fische-Mann fragt sich vielleicht, welches Bild sich die Stier-Frau von ihm macht. Eigentlich sorgt er sich nicht wirklich darum, er fragt sich nur. Der Fisch zeigt gewöhnlich keine Angstsymptome, wenn er verliebt ist, zumindest nicht an der Oberfläche. Er sorgt sich vielleicht ein wenig um das Geld für die Miete, darum, was das Leben wirklich bedeutet, was die Zukunft verspricht und ähnliches, aber die Liebe ist für ihn eine der natürlichsten Sachen der Welt. Dieser freundliche und poetische Mann fühlt sich, wenn er ein typischer Fisch ist, in romantischen Gewässern, in denen zu schwimmen und tauchen er wahrscheinlich schon in sehr jungen Jahren gelernt hat, absolut zu Hause. Die Liebe, oder ihre Erfüllung, kommt spät zu dem weiblichen Stier, und das ist vielleicht der Grund, warum sie sie mehr als jede andere Frau schätzt und achtet.

Welches Bild sie auch von ihm hat, ich hoffe, sie versucht ihn wenigstens halbwegs zu verstehen. Ich sage halbwegs, weil sie glücklich sein kann, wenn er sie nicht gleich zu Beginn vollkommen verwirrt. Er ist so gänzlich anders als alle Männer, die sie jemals kennengelernt hat, daß sie einfach von seinen geheimnisvollen, schwer faßbaren Eigenschaften erregt wird, obwohl sie gewöhnlich keiner komplizierten und wechselhaften Persönlichkeit traut. Der Grund dafür sind die magnetischen Kräfte der 3:11-Kombination, die das karmische Band darstellen, das für die starken, zwanghaften Gefühle in dieser Beziehung verantwortlich ist. Eine Stier-Frau fühlt sich vielleicht auch von einem Skorpion-Mann stark angezogen, doch ist dies nur rein körperlich. Bei dem Fische-Mann geht es tiefer und ist gar nicht so leicht zu erklären. Außerdem braucht er offensichtlich jemanden, der für ihn kocht, an ihn glaubt, ihn tröstet und liebt, alles Eigenschaften, in denen sie brilliert.

Die Stier-Frau kann gelegentlich in Stimmungen von Selbstmitleid und dunklen Vorahnungen verfallen. Doch wenn sie ihre positive Lebenseinstellung wiedergewinnt, wird sie sich wieder dem zärtlichen Einfluß der Venus unterwerfen und zu ihrer alten, behaglichen Art zurückfinden. Die komplizierteren Depressionen des Fische-Mannes erfordern vielleicht eine etwas längere und schwierigere, weniger alltägliche Therapie, doch bereitet ihm ihre Behandlung Vergnügen.

Auf sexuellem Gebiet passen diese beiden gut zusammen. Seine Einstellung zu Sex kann mit zwei Worten beschrieben werden: sinnlich und romantisch. Bei ihr verhält es sich ebenso. Beide sind entschlossen, jede nur denkbare Nuance und Feinheit der sinnlichen Erfahrung zu fühlen, die möglich ist, wenn ihre Körper vereint sind, daher wird die körperliche Beziehung zwischen den beiden wahrscheinlich sehr harmonisch sein.

Die Stier-Frau »fühlt« instinktiv durch ihre Sinne. Sie hat eine heitere Ausstrahlung, eine beruhigende Aura und eine ausgesucht zärtliche Art und den instinktiven Wunsch, den Mann, den sie liebt, mit warmer Zuneigung zu umgeben - und ihn mit den leichten Federn des Humors zu kitzeln. Wenn man dies mit ihrem kehligen Mitternachtsgeflüster und ihren weichen Venus-Kurven kombiniert, kann man verstehen, warum diese beiden gewöhnlich im gleichen emotionellen Rhythmus schwingen. Die weibliche Neigung, sich ihm zärtlich zu unterwerfen und nicht zu versuchen, den Mann zu dominieren, ist enorm befriedigend für den Fische-Mann, der vielleicht schon manche romantischen Alpträume mit aggressiveren Frauen durchgestanden hat. Stier und Fische wissen, wie sie ihr Verlangen auf den anderen übertragen und Erfüllung finden können; also kann ihre körperliche Vereinigung eine wundervolle Erfahrung an irdischer Leidenschaft und unirdischer Ekstase sein.

Ihr vollkommenes, gemeinsames Glück hängt jedoch davon ab, welche Art von Fisch er ist, einer, der sich (aus freien Stükken) treiben läßt, oder einer, der hurtig flußaufwärts schwimmt. Wenn er sich treiben läßt und sich am Grund des Meeres zwischen Seemuschelschalen verbirgt, ist er vielleicht gegen alle Meerjungfrauen, wie verführerisch sie ihn auch lokken mögen, immun. Zumindest bis er eine findet, die mit beiden Beinen fest im Leben steht, die willens ist, ihm emotionell und finanziell unter die Arme zu greifen, bis sein Traum sich erfüllt. Eine Stier-Frau ist vielleicht dazu bereit, diese Doppelaufgabe für eine Weile zu übernehmen. Nach einiger Zeit wird jedoch der behäbige Zorn des Stiers erregt. Wenn er sich zu lange auf ihre Geduld verläßt, was sie für einen Mangel an gutem Willen und Sicherheitsbewußtsein hält, wird sie in einem ihrer seltenen, aber gewaltigen Zornausbrüche explodieren, und wenn der Donner verhallt ist, wird der Fisch verschwunden sein.

Sogar wenn er ein aktiver, flußaufwärts schwimmender Fisch ist, versteht sie vielleicht immer noch nicht, wie es um ihn steht und was er durchmacht, wenn er sich mit jedermanns Tränen und Schwierigkeiten einläßt. Ein Fisch kann wunderbar geschickt und kreativ in klarem Wasser sein. Wenn sie es aber immer mit ihrer erdigen Sturheit trübt und andere es immer verschmutzen, indem sie seine Zeit in Anspruch nehmen und sein Mitgefühl ausnützen, wird er Trost bei einigen Drinks in der Eckkneipe suchen. Dann beginnt sie zu murren.

Die dreiteilige Formel, um das Herz einer Stier-Frau zu brechen, ist: falsche Versprechungen, Enttäuschung und Müßiggang. Die dreifache Formel, um zu heilen, ist: Ehrlichkeit, Treue und Zuverlässigkeit. Wenn er sich daran erinnert, könnte es für ihn der Anfang vom Ende seiner Einsamkeit sein. Wenn sie versteht, daß er sich zur Beruhigung seiner gespannten Nerven ab und zu in die Einsamkeit zurückziehen muß, um nachzudenken, wird er immer wieder zu ihr zurückkehren.

Die Fische-Zwillinge Beziehung

Es dürfte wenig Sinn haben, vorgeben zu wollen, daß die Sonnenzeichen Zwillinge und Fische ebensogut zusammenpassen wie Erdbeeren und Schlagsahne oder Dick und Doof. Doch auch zwischen Zwillinge und Fische ist eine glückliche Einigung denkbar. Stehen Sonne und Mond in ihren Geburtshoroskopen günstig zueinander, kann es sein, daß sie recht gut miteinander auskommen, solange der Zwilling sich damit einverstanden erklärt, gelegentlich die Gewässer des Neptun zu durchschwimmen, um dem Fisch Gesellschaft zu leisten – und solange der Fisch bereit ist, ohne Furcht neben dem merkurischen Zwilling herzufliegen.

Trotzdem – ein Luftzeichen fühlt sich im Element Wasser nie wirklich zu Hause. Immer besteht die Möglichkeit des Ertrinkens – genauso, wie dem Wasserzeichen das Fliegen etwas unheimlich ist. Da es sich hier um eine 4:10-Sonnenzeichen-Kombination handelt, müssen die beiden, falls sie einen negativen Sonne-Mond-Aspekt zwischen ihren Horoskopen entdekken, immer daran denken, daß das Mischen von Luft und Wasser behutsam und nicht etwa nachlässig erfolgen muß.

Es gibt jedoch auch Bereiche, in denen zwischen Zwilling und Fisch eine Ähnlichkeit besteht. Der Gesamteindruck bei beiden ist der, daß sie schwer zu fassen sind, immer gerade außer Reichweite schlüpfen, eine wahre Chamäleonbegabung für geschickte Tarnung haben und sich schwer fangen und festhalten lassen. Der Fisch schwamm ganz einfach in sein tiefes, emotionales Wesen hinein, um dort vor weiteren Fragen, vor noch mehr Kränkungen Schutz zu finden – und aus genau den gleichen Gründen schwang sich der Zwilling im Geiste hoch zu den sich über dem Kopf zusammenziehenden Wolken.

Sie haben schon gehört, daß die Seele des Fischezeichens sehr alt ist; und es stimmt, der Fisch ist wirklich sehr alt. Er ist durch die reinigenden Fluten vieler Inkarnationen hindurchgegangen und versteht alles und jeden – nur sich selbst nicht. Die Seele kann die Inkarnation des Fisches erst dann erreichen, wenn sie sämtliche Lektionen der anderen elf Sonnenzeichen mindestens einmal gemeistert hat. Und da einige Seelen viele Lebenszeiten hindurch bei einer einzigen Sonnenzeichenerfahrung verweilen (oder zu ihr zurückkehren), ehe sie den Wesenskern dieses Sonnenzeichens von seiner *positiven* Seite her erfassen, werden Sie verstehen, warum der Fisch eine »alte Seele« ist. Sie werden auch verstehen, warum sich das Sonnezeichen Fische der schwierigsten aller Prüfungen durch das Karma unterziehen muß – es geschieht hier, unter dem eigenartigen Einfluß des Neptun, daß die Seele am häufigsten ausgleitet und abrutscht und einige der mit solcher Mühe erlernten elf Lektionen wieder vergißt, worauf sie sich dann entweder zur Rückkehr zu einem bestimmten Zeichen gezwungen sieht oder im Zeichen Fische selbst so oft wiedergeboren wird, bis sie schließlich zur richtigen Erkenntnis gelangt.

So kann es geschehen, daß ein Fisch in der Schule des Neptun gute Fortschritte macht, dann aber eines schönen Tages die Großzügigkeit, die er in den Widder-, Schütze- und Löwe-Inkarnationen erlernte, gerade einmal vergißt, knauserig wird – und fällt. Oder er lebt ein ruhiges, besinnliches Leben, vergißt dann jedoch wie durch Gedächtnisstörung die Lektion der Waage-Unparteilichkeit und beurteilt jemanden auf ungerechte Weise. Ein Fisch zu sein ist nicht gerade amüsant, denn von den Männern und Frauen dieses Sonnenzeichens wird soviel mehr Wissen gefordert. Alle sind sie in das Erziehungssystem des Karma integriert, das anstatt Strafen anzuwenden, an das Ehrgefühl appelliert – eine trügerische Freiheit und doch äußerste geistige und moralische Beschränkung.

Wenn der Fisch (ob männlich oder weiblich) sich selbst nicht versteht – der Zwilling ist nur zu willig, dieses Geheimnis aufzuklären. Die von Merkur beherrschten Menschen glauben von sich, daß sie für alles und jedes eine Erklärung haben, alles verstehen können – ihrer Meinung nach können sie alles auseinandernehmen, sich ansehen, wie es funktioniert, und es dann wieder zusammensetzen. Nachdem sie den Fisch ihrer kühlkritischen Analyse unterzogen haben, lassen sie die einzelnen Teile jedoch manchmal verstreut liegen, ohne sie wieder so zusammenzufügen, wie sie sie vor der Untersuchung vorgefunden hatten. Ein Fisch, der von einem Zwilling derart zerlegt wurde, quält sich oft jahrelang in hilflosen Versuchen damit ab, seine Selbstachtung zurückzugewinnen. Der Zwilling fühlt sich dazu herausgefordert, die ständig über dem Fisch schwebende Wolke der Verwirrung mit seinem rasiermesserscharfen Verstand auseinanderzutreiben.

Zählt der Fisch zu den besonders verständigen Vertretern seines Sonnenzeichens, so sieht er den manchmal recht kindischen Possen des Zwillings im allgemeinen, wenn nicht mit echter Zuneigung, so doch mit großer Nachsicht zu. Falls der Zwilling (und oft ist dies wirklich der Fall) in einem Zauberreich von Schein und Blendwerk lebt, ist der Fisch von einem Besuch dort ebenfalls begeistert. Nun neigt der Zwilling allerdings dazu, alle geheimnisvollen Königreiche, noch während er dort seine übermütigen Scherze treibt, genau zu untersuchen und zu etikettieren, und dem Fisch ist damit aller Spaß verdorben. Der Fisch läßt sich vom neugierigen Zwilling nicht gern in seinem Privatbereich herumschnüffeln oder durch beharrliches Fragen in die Enge treiben. Wird er zu häufig damit bedrängt, so gleitet er einfach hinüber zu einem anderen Wasserlauf, oder er wählt den einfacheren Fluchtweg der List, von der erfinderischen Ausrede angefangen bis hin zur regelrechten Lüge – von Neptun als »einfacher« Selbstschutz gerechtfertigt, der ein Eindringen in seine Privatsphäre verhindern soll.

Der Fische-Mann beziehungsweise die Fische-Frau sehen sich durch den Zwilling ständig zu einer Haltung der Anpassung und des Entgegenkommens gezwungen; gelegentlich rächen sie sich jedoch unbewußt dafür, indem sie sich weigern, auf seinen überschwenglichen Redeschwall, mit dem er ihnen irgendeine wunderbare neue Idee oder ein neues Vorhaben mitteilt, mit lebhafter Anteilnahme zu reagieren. Das kann den Anfang vom Ende bedeuten – der Zwilling erträgt es nicht lange, daß seine Begeisterung und seine blitzartigen Eingebungen mit Fische-Pessimismus berieselt werden oder unter der kalten Dusche Neptuns erlöschen. Wenn er nur will, kann der Fisch viel Beistand und Trost gewähren, und viel Glaube und Ermutigung kann von ihm ausgehen.

In einigen Dingen kann sich bei den beiden eine glückliche Übereinstimmung ergeben, und in mancher Beziehung sind sie sich verblüffend ähnlich. Zwilling und Fisch haben beide ein äußerst feines Gespür für die vergängliche Schönheit der Natur, für den Wechsel der Jahreszeiten, für Sonnenaufgang und -untergang – und beide neigen sie im allgemeinen dazu, ihre Seele in Kunst, in Versen oder in Musik zu baden. Der Fisch nimmt Schönheit in schweigsamer Verzückung in sich auf, der Zwilling mit einem Grinsen, in dem sich Ehrfurcht und staunende Erregung spiegeln. Irgendwie führt Schönheit den Zwilling und Fisch zusammen.

Eine weitere gemeinsame Eigenart ist es, daß keiner der beiden ohne weiteres dazu zu bewegen ist, Ihnen aufmerksam zuzuhören oder Sie länger als nur für den Bruchteil einer Sekunde unmittelbar anzusehen. Der Zwilling hat stechende, lebhafte Augen, die manchmal auch spöttisch blicken. Der Fisch dagegen hat sanfte, klare Augen, die ruhelos umherschweifen; richtet er sie jedoch einmal – was selten vorkommt – auf sein Gegenüber, so sind sie voller Verständnis. Auch die Augen des Zwillings bleiben immer nur kurz auf einen Punkt fixiert, um dann wieder, einem Vogel ähnlich, rastlos hin- und herzufligen. Wie ihre Augen, so wandern auch die Gedanken von Zwilling und Fisch umher, allerdings aus verschiedenen Gründen.

Der Grund dafür, daß der Fisch einen so ausgezeichneten Resonanzboden für alle übrigen Sonnenzeichen abgibt, ist darin zu finden, daß er aus der Sicht des Karma oder der religiösen Inspiration alles schon einmal durchgemacht hat. Er hat gelernt, wie man ohne die fortwährenden Aufmerksamkeiten und Schmeicheleien anderer auskommt. Der Zwilling muß sich mitteilen können, er hat ein Verlangen danach sich auszudrükken – und der einfühlsame Fisch findet fast immer die Zeit, mit echter Anteilnahme zuzuhören. Ohne Zuhörerschaft, die dem Zauber der eindrucksvollen merkurischen Wortgirlanden erliegt, könnte der Zwilling einfach nicht leben; der Fisch hingegen könnte ohne das Gefühl, gebraucht zu werden, nicht existieren.

Fische-Frau – Zwillinge-Mann

Es gibt kaum etwas, das die Fische-Frau nicht tun würde, um eine Liebesbeziehung oder Ehe heiter und unbeschwert verlaufen zu lassen. Sie paßt sich selbst, ihre Gewohnheiten und ihren ganzen Tagesrhythmus den Bedürfnissen des geliebten Zwillinge-Mannes an.

In Wirklichkeit sie sie gar nicht diese masochistische Sklavin seiner Zwillinge-Launen, als die sie ihre wohlmeinenden Bekannten sehen. Doch stehen diese mit ihrer Meinung nicht allein – ihr Zwillinge-Mann hat denselben Eindruck. Genau diesen Eindruck möchte diese freundliche, zuvorkommende Dame mit der leisen Stimme in ihm (und in all ihren neugierigen Freunden, Nachbarn und Verwandten) aber auch erwecken. Sie weiß, was sie tut; sie macht sich ihr Leben dadurch leichter. Hat sich die Neptunfrau erst einmal in einen Zwillinge-Mann verliebt, so besitzt sie genug gesunden Menschenverstand, um einzusehen, daß sie bei dieser anspruchsvollen 4:10-Sonnenzeichen-Beziehung praktisch nur zwischen zwei Möglichkeiten wählen kann: Entweder sie kommt zu dem Schluß, daß diese Liebe die Anforderungen, die der Zwillinge-Mann an ihre zarte Psyche stellt, nicht wert ist, oder sie ist überzeugt davon, daß Freude und Glück, die sie in ihrer Liebe zu ihm findet , ein paar Zugeständnisse in ihrer Beziehung mehr als aufwiegen. Fällt ihre Wahl auf die letztere der beiden Möglichkeiten, so sorgt sie eben dafür, daß es auch klappt.

Ihr Geheimnis lautet passiver Widerstand. Von Natur aus hat sie ein großartiges Talent dafür. Sie weiß ganz einfach, wann und wie weit sie sich zurückziehen muß – und sie erkennt genau, wann die Zeit am günstigsten dafür ist, wieder etwas vorzurücken, und wie weit sie dabei gehen kann.

Daß jeder Zwilling überaus große geistige Gewandtheit besitzt, immer wachsam und auf der Hut ist und kaum jemals auf einen Betrug hereinfällt, läßt sich wohl kaum bestreiten. Doch wie geschickt und klug er zweifellos auch sein mag – der Kriegslist einer Fische-Frau gegenüber ist er doch manchmal blind. Möchte sie nämlich irgend etwas tun, mit dem er vielleicht nicht einverstanden ist, so verschwendet sie ihre Energien bestimmt nicht damit, ihre Beziehung durch hartnäckiges Fordern oder tränenreiches Bitten zu erschüttern. Nein, solange er da ist, macht sie das, was er will. Wenn er aber fort ist, handelt sie so, wie er will.

Zur Intelligenz des Zwillings gehört auch ein untrüglicher Instinkt für das, was von Vorteil und Nutzen ist. Dieser Mann verschwendet seine Zeit nur sehr selten. Für ihn ist Zeit dazu da, um mit irgendeiner Tätigkeit ausgefüllt zu werden – jede einzelne Sekunde ist irgendwie zu nutzen. Zeit ist der Stoff, aus dem das Leben gemacht ist – und die Träume. Sie mit simplem Nichtstun zu vergeuden, ist in seinen Augen eine wahre Sünde.

Die Fische-Frau hat von der Zeit hingegen eine völlig andere Auffassung. Für sie ist sie unerschöpflich – falls sie ihr heute etwas zu schnell unter den Händen zerrinnt, gibt es morgen immer noch mehr davon. Sie glaubt, daß sich die Zeit mit Nichtstun am angenehmsten verbringen läßt, besonders dann, wenn sich ihre Kräfte in tausend verschiedenen Dienstleistungen und Gefälligkeiten für andere erschöpft haben und ihre für gewöhnlich heitere Stimmung auf dem Nullpunkt angelangt ist. Am allerbesten verbringt sie ihre Zeit – so ist sie überzeugt – damit, nach Möglichkeit einfach sie selbst zu sein, einfach dazusein – in den kühlen grünen Fischgewässern ruhiger Betrach tung; hier findet ihre Seele neue Stärkung.

Lebt sie mit einem Zwillinge-Mann und dadurch unter dem Einfluß der spannungsreichen 4:10-Kombination, so hat sie viel Seelenstärkung nötig. Dieselben Eigenschaften, die sie am Anfang so anziehend an ihm fand, sind für ihre sanftere Natur später vielleicht überaus erschöpfend und zermürbend. Sein Kopf steckt voll kleiner Überraschungen, für die sie sich wirklich begeistern kann. Er reagiert schnell, ist geistig beweglich, und alles, was er sieht, hört oder liest, begreift er sofort. Im unerwartetsten Augenblick spudeln seine Ideen hervor, und fast immer sind sie originell und faszinierend. Er ist wie ein Geheimnis, das sie nicht völlig ergründen kann, und sie hat nun einmal eine Schwäche für Geheimnisse. Dennoch können eben diese Charakterzüge ihres Partners nach einer Weile dazu führen, daß sie sich nach Einsamkeit und Ruhe sehnt.

Eine Zeitlang ist die Fische-Frau von seiner bewundernswerten Intelligenz, seinem ans Herz rührenden schiefen Kleinen-Jungen-Grinsen, dem Sternenglanz in seinen ausdrucksvollen Augen, seiner überwältigenden Auffassungsgabe und seinen vielfältigen Talenten – kurz, von seinem merkurischen Zauber wie hypnotisiert. Wie in einem lebendigen Kaleidoskop kann sie seine Launen von fröhlich, liebevoll, leidenschaftlich, zärtlich und großzügig zu reizbar, sarkastisch, mürrisch und verletzend spitz wechseln sehen – und dann wieder den umgekehrten Weg zurück (bis der »gute Zwilling« wieder die Oberhand gewinnt). Aus einiger Distanz betrachtet sind seine geistesakrobatischen Übungen für sie recht interessant; sie fühlt sich zweifellos von ihnen angeregt und oft sogar wie elektrisiert. Erst dann, wenn sie sich allmählich als untrennbarer Teil vollständig in die vielgestaltigen Hochs und Tiefs seiner nie vorhersehbaren geistigen, physischen und emotionalen Unternehmungen integrieren läßt, beginnen sich in ihrer Ruhe und Gelassenheit die ersten Anzeichen der Erschöpfung abzuzeichnen.

Wenn sich Wasser und Luft zur sexuellen Einheit verbinden, wandelt das Wasser die Luft auf magische Weise – nämlich in Form des kühlenden, lebensspendenden Regens – zu seinem eigenen Element um. Anschließend ist die ganze Natur wieder voll neuer Frische, mit Hoffnung durchtränkt und mit dem Wohlgeruch einer neuen Zuversicht erfüllt. Im geschlossenen Kreis ihrer gegenseitigen Umarmung finden Fisch und Zwilling oft die so schwer zu erfassende Harmonie, nach der sie auch sonst gemeinsam greifen, die sie jedoch nie ganz zu erreichen scheinen. Die rätselhafte Sexualität zwischen ihnen kann für beide zu einer mächtigen, verjüngenden Erfahrung werden; sie kann im verborgenen ein starkes Fundament bilden für ihr stetiges Verlangen, die so grundverschiedene Persönlichkeit des anderen zumindest versuchsweise zu verstehen.

Die Kompliziertheit im Geist und im Verhalten dieses Mannes wird nie aufhören, die Fische-Frau zu faszinieren, sie wird sie aber auch nie ganz begreifen. Manchmal läßt seine Widersprüchlichkeit ihre Bewunderung für ihn noch stärker werden – so stark, daß sie sogar versucht, seine analytische und vernunftbetonte, doch zuweilen auch überaus phantasiereiche Betrachtungsweise zu übernehmen. Dann wieder gibt sie jede Hoffnung auf, daß sie ihn jemals wirklich kennen wird. Aus anderen Gründen stellt er sich in bezug auf sie mitunter die gleiche Frage. Da jedoch sowohl er als auch sie jeweils zwei sind, kommt dieses Spiel nie zu einem Ende; beide sind sie Sonnenzeichen, die von der Dualität geprägt sind. Gelegentlich, wenn sie sich geistig, physisch und seelisch erschöpft fühlt, kann es vorkommen, daß sie kalt wird wie ein Eiszapfen und jegliche Kommunikation verweigert. Sie trifft ihn damit härter, als er ihr jemals zu erkennen geben würde.

Da Zwilling und Fisch den Elementen Wasser und Luft angehören, sind sie nach außen niemals so gefühlvoll, herzlich und warm wie die unter einem Feuerzeichen geborenen Menschen. Aufgrund ihrer vereinigten Wasser-Luft-Substanz haben sie einander jedoch ein großes Geschenk anzubieten – Freiheit. Sie stellt ihm nur selten Fragen über seine plötzlichen Anwandlungen oder darüber, wo er sich so aufhält, denn sie gehört nicht zum besitzergreifenden Frauentyp. Die gleiche Bewegungsfreiheit räumt er auch ihr ein; wenn er nicht da ist, kümmert es ihn wenig, wo sie sich herumtreibt – ist er jedoch da, so erwartet er, daß sie in seiner Nähe ist – der Zwilling braucht nun einmal Publikum. Sie kann wunderbar zuhören, und von all ihren Eigenschaften ist ihm diese die teuerste. Im geheimen weiß er, daß diese Dame mit der sanften Stimme, dem großen Zartgefühl und den stillen Geheimnissen an allem, was er sagt, aufrichtig interessiert ist – und vor allem anderen ist das sein tiefstes Bedürfnis.

Sie hingegen weiß, daß dieser wechselhafte Mann mit den vielen Launen sie immer brauchen wird – und das ist – vor allem anderen – *ihr* größtes Verlangen: *gebraucht* zu werden. Wenn er sich von seiner sarkastischen Seite zeigt, wie das beim Zwilling gelegentlich der Fall ist, bricht er damit ihr Herz. Sobald er jedoch erneut seinen Charme spielen läßt, seine Augen wieder voller funkelnder Überraschungen stecken und er sein nachdenkliches schiefes Grinsen aufsetzt, weiß sie, daß sie richtig wählte, als sie die von ihr bevorzugte Lebensweise für die seine aufgab. Sie hat dabei eigentlich nichts verloren, dafür aber ihr ganz besonderes menschliches Kaleidoskop gewonnen, das bei der leichtesten Berührung Farbe, Form und Muster ändert.

Fische-Mann – Zwillinge-Frau

Es hat wohl noch nie einen Fische-Mann gegeben, der sich völlig darüber im klaren gewesen wäre, woran er mit der Zwillinge-Frau, die er liebt, nun eigentlich ist. Sie gibt ihm ausreichend Gelegenheit zum Eifersüchtigsein oder zu dem, was sich beim Fisch so Eifersucht nennt – nämlich eine zugegebenermaßen recht milde Spielart derselben.

Es wird ihm jedoch kein bißchen nützen, da sich an der offenkundigen Unbeständigkeit des Sonnenzeichens Zwilling nun einmal nichts ändern läßt. Diese Frau wird niemals wirklich erwachsen werden. Sie ist wie ein mutwilliges, reizendes kleines Mädchen, das weint, wenn es ausgeschimpft wird, fröhlich lacht, wenn es zufrieden ist, und das so lange schmeichelt und überredet, bis es schließlich seinen Willen durchsetzt – und bei einem Fische-Mann dürfte es ihm nicht allzu schwerfallen, seinen Willen durchzusetzen. Im Grunde genommen hat er ein sanftes Gemüt, ist zärtlich, geduldig und nicht übertrieben anspruchsvoll. Natürlich kann auch der Fisch mal reizbar und schlecht gelaunt sein, und wenn er einmal zu oft gereizt wurde, kann er sogar ein richtiggehender Brummbär werden – die meiste Zeit über ist er jedoch dazu bereit, den Bedürfnissen der Zwillinge-Frau so gut er kann, gerecht zu werden. Vielleicht läßt er sich dadurch, daß sich diese Bedürfnisse, und zugleich auch ihre Sehnsüchte und Träume, ständig ändern, gelegentlich aus der Fassung bringen, doch wird er weiterhin sein Bestes versuchen. Übrigens ist er selbst ja auch nicht gerade ein Muster an Beständigkeit – diese Tugend wurde weder ihm noch ihr in die

Wiege gelegt. Der Hinweis, daß dies einen der zahlreichen Wirbel an der glatten Oberfläche dieser 4:10-Sonnenzeichen-Beziehung ausmacht, dürfte sich dabei wohl erübrigen.

Ihr Geist ist wie ein Glashaus, aus dem sie in das Leben hinausspäht, und in was für eine Richtung ihre Sehnsüchte auch gehen mögen, immer hat sie einen dreidimensionalen Blick darauf. Eine so breit gefächerte Auswahl schlägt sich im äußeren Charakterbild auf vielfältige Weise nieder, vor allem aber in einem – Launenhaftigkeit. Die Launen des von Merkur beherrschten Zwillings unterscheiden sich deutlich von den tieferen Gewässern neptunischer Fische-Launen. Sie ändern sich mit Blitzesschnelle, und wann die Zwillinge-Frau von ihnen befallen wird, läßt sich ebensowenig voraussagen wie ein Umschlagen des Windes.

Auch der Fischegeist gleicht einem Haus mit vielen Fenstern, doch haben diese weder Glasscheiben noch Fensterläden oder Jalousien, um ihn vor der Witterung der verschiedenen Jahreszeiten – oder vor ihren Launen zu schützen. Der Fische-Mann ist empfindlich und verwundbar, und das nicht nur im Hinblick auf die Behandlung, die ihm durch andere widerfährt, sondern auch hinsichtlich der Gefühle und Emotionen jener, die ihm nahestehen und deren Sorgen und Symptome er völlig in seinem Kopf und Körper aufnimmt.

Schon bei der Geburt sprühte diese Frau nur so vor geistigem wie auch physischem Feuer, sich wie Stoßwellen verbreitender Lebenskraft. Der Fisch hingegen wurde schon müde geboren; wenn man jedoch bedenkt, was er während so vieler Inkarnationen schon alles gesehen hat . . . all die Macht und all den Ruhm, das Häßliche und auch das Schöne, unsagbar Entsetzliches und unbeschreibliches Entzücken – wenn man dies bedenkt, nimmt es eigentlich kaum wunder, daß der Fisch eine gewisse geistige Erschöpfung zeigt. Das alles ist schon ermüdend, besonders dann, wenn er versucht ist, es in Tagträumen mit seinem gegenwärtigen so irdisch eintönigen Sein zu vergleichen. Zumindest darin jedoch versteht ihn seine Zwillinge-Frau. Sein Bedürfnis danach, die Welt durch eine rosarote Brille zu sehen, läßt in ihrem Herzen ein ähnliches Bedürfnis entstehen. Auch sie hätte es gern, daß alles anders, schöner wäre. Aufgrund ihrer merkurischen Natur fällt es ihr jedoch nicht schwer, die Dinge, so wie sie sind, mit nüchterner Gründlichkeit zu untersuchen und gleichzeitig davon zu träumen, wie sie sie gern sehen würde – während der Fisch niemals die schreckliche Wahrheit gelten lassen will. Wenn sie ständig das Gewebe, das Leben heißt, auseinanderpflückt, um zu sehen, wie es sich auf annehmbarere Weise wieder zusammenfügen läßt, so versetzt ihn das in Unruhe und Angst. Und fängt sie erst einmal damit an, dieses analytische Verfahren auch auf die Liebe anzuwenden – die, so weiß der Fisch in seinem tiefsten Innern, nicht genau untersucht werden kann, ohne daß dabei zugleich nicht auch ihre Zartheit zerstört würde –, so nimmt das Unglück auch schon seinen Lauf.

Wie bei allen 4:10-Sonnenzeichen-Kombinationen muß auch das Zwillinge-Fische-Paar mit nervösen Spannungen fertigwerden. Sie sind ihrem Wesen nach eben doch völlig verschieden, und die Beweggründe des einen sind dem anderen die meiste Zeit über unverständlich. So kann es sein, daß kränkende Situationen in Verbindung mit Verwandten, den Eltern des einen oder des anderen oder mit ihrer persönlichen beruflichen Karriere auftreten.

Wenn es etwas gibt, was der Fische-Mann auf die Dauer nicht ertragen kann, so ist es ständiges Herumkritisieren, beißender Spott und fortwährende Beschuldigungen; die negative Hälfte seiner Zwillingspartnerin bringt es jedoch gerade in der Kunst satirischer Seitenhiebe zur wahren Meisterschaft. Wenn der Sturzbach ihrer zornigen Worte und ihre geschickte Verwendung feinster Schattierungen auf die empfindliche Seele des Fische-Mannes herabregnen, treffen sie diese oft wie spitze, schmerzende Hagelkörner. Andererseits gehört völlige Stille – oder ohne Zuhörer alleingelassen zu werden – zu den Dingen, die eine Zwillinge-Frau nicht ertragen kann, während es eines der hervorragendsten Fische-Charakteristika ist, sich vor unangenehmen Ereignissen schnell aus dem Staub zu machen. Der Fisch neigt instinktiv dazu, sich seinen Weg durch eine schwierige Situation zu *erfühlen*, während der Zwilling die Problembewältigung eher mit Worten vornimmt. So stehen sich die beiden selbst dann, wenn sei einander aufrichtig lieben, mitunter wie völlig Fremde gegenüber, die sich in Wort- und Zeichensprache miteinander zu verständigen suchen. Der Zwilling redet – aber der Fisch hört nicht immer zu. Der Fisch weint – doch der Zwilling zeigt nicht immer Mitgefühl. Dennoch spüren sie beide ein verzweifeltes Verlangen in sich nach Anerkennung und Verständnis, denn keiner von den beiden versteht sich selbst.

Im sexuellen Bereich haben sie mit einigen Anpassungsschwierigkeiten zu rechnen, wenn es, bei positivem Sonne-Mond-Aspekt oder anderen günstigen Planetenstellungen in ihren Horoskopen, auch durchaus denkbar ist, daß er auf ihre Bedürfnisse eingeht und sie nicht völlig erdrückt oder zu sehr von ihr Besitz ergreift, während sie ihre zärtlichen Gefühle wahrscheinlich mit der Vielseitigkeit auszudrücken weiß, die er benötigt, um sich nicht zu langweilen. Weder Zwillinge noch Fische bedürfen glühender Leidenschaft, um im Liebesspiel die Befriedigung wahren Vertrautseins zu spüren; beide können sie sich unmittelbar auf die flüchtigen Launen und Wünsche des anderen einstellen. Was ihrer Beziehung jedoch trotzdem oft fehlt, ist wirkliche Tiefe in ihrer physischen Vereinigung.

Für die Zwillinge-Frau ist es etwas Unmögliches, das Leben und die Liebe nur mit den Sinnen begreifen zu wollen; ihr Geburtsherrscher Merkur verlangt von ihr, daß sie das Rätsel mit ihrem Verstand zu lösen sucht. Vielleicht könnte sie alles verstehen, wenn nur irgend jemand ihren Zweifeln und ihrer Hoffnungslosigkeit, ihren Hochgefühlen und Ideen wirklich und wahrhaftig zuhören würde. Der Fische-Mann kann ihr diesen Dienst erweisen, wenn er nur will – geduldig und verständisvoll läßt er sie ausreden und wartet, bis sie ihre verschlungenen Gedankengänge und Argumentationsspiralen zu Ende gedreht hat, um ihnen schließlich die richtige Wendung auf dem Weg ins Glück zu geben.

Die Fische-Krebs Beziehung

Der Fisch und der Krebs arbeiten, spielen und diskutieren auf ihrem gemeinsamen Weg miteinander unter dem Einfluß ihrer harmonischen 5:9-Sonnenzeichen-Kombination. Die meisten Krebs-Fische-Beziehungen verlaufen ohne größere Schwierigkeiten, mit Ausnahme derjenigen, die durch ungünstige Aspekte belastet werden. Die beiden fühlen sich meist sofort zueinander hingezogen. Beherrscht von Mond (Krebs) und Neptun (Fische) sind alle drei – Fische sind ein duales Zeichen, symbolisiert durch *zwei* Fische – gleichermaßen verschwiegen, gefühlsbetont, launisch und wechselhaft.

Die Stimmungen der Fische sind stark abhängig von dem Auf und Ab ihrer Gefühle, zu vergleichen mit Ebbe und Flut des Meeres. Die genaue Verfassung eines Fisches in einem ganz bestimmten Moment herauszufinden, gleicht dem Versuch, die Farbe der Zuchtperle zu erkennen. Weil die Gefühle der Fische auf geheimnisvolle Art von den Gezeiten bestimmt werden, könnte man sie als *indirekt* vom Mond beeinflußt sehen.

Die Krebse werden vom Mond *direkt* beeinflußt. Vielleicht sind sie deshalb um eine Nuance leichter einzuschätzen. Der Fische-Mann oder die Fische-Frau können die Stimmungen des Krebses mit absoluter Genauigkeit vorhersagen. Die sehen nur einfach die Mond-Phasen in einem Kalender nach. Ein Krebs tut sich schon schwerer, die Stimmungsschwankungen eines Fische-Freundes, -Geschäftskollegen, -Verwandten, -Liebespartners oder -Ehepartners zu erkennen. Es ist wie ein aufregendes Ratespiel zwischen ihnen und unterbricht die Eintönigkeit des

Geldverdienens und den Streit darüber, wie man es am besten ausgibt. Dennoch fällt es ihnen manchmal schwer, einander die Sünden zu vergeben.

Die 5:9-Kombination – so günstig und segensreich ihr Einfluß auch sein mag – garantiert den Partnern keine ungetrübte Harmonie. Es wird immer wieder Konflikte geben, die eine gewisse Kompromißbereitschaft erfordern. Ihre Konflikte lassen sich nicht nur in erster Linie von möglichen negativen Sonne-Mond-Aspekten zwischen ihren Geburtshoroskopen ableiten, sondern sind auch auf bestimmte Eigenschaften ihrer individuellen Sonnen-Persönlichkeiten zurückzuführen.

Das Thema Geld läßt wahrscheinlich in einer Beziehung zwischen diesen beiden Wasser-Zeichen die Wogen hochschlagen. Der Fisch hält normalerweise Geld für eine notwendige, aber auch lästige Angelegenheit. Warum sich mit den ärgerlichen Einzelheiten, wie Zinsen, Gewinn, Verlust und dergleichen, auseinandersetzen? Es ist so phantasielos, unschöpferisch und ausgesprochen langweilig.

Im Gegensatz dazu zeigen Krebse Geldangelegenheiten gegenüber Ehrerbietung und viel mehr Respekt als die Fische. Die Krebse kennen sich mit all den Komplikationen von Zins und Zinseszins sehr gut aus und versuchen, diese Theorien dem verträumten Fische-Sinn nahezubringen, aber mit wenig Erfolg. Vorsicht und Sparsamkeit sind die Parolen des Krebses. Die Schlagworte Neptuns sind Leichtigkeit, Großzügigkeit, manchmal Extravaganz (mit Ausnahme einiger weniger Fische, deren Horoskope bedeutende planetarische Positionen in Krebs, Jungfrau, Stier oder Steinbock aufweisen). Die einzige Sicherheit, die der Fisch braucht, ist die, daß seine Privatsphäre gewahrt bleibt. Darin will er nicht gestört werden, und er läßt den anderen die gleiche Freiheit. In der Einstellung »leben und leben lassen« ähnelt er dem Wassermann oder übertrifft diesen sogar.

Krebs-Männer und Krebs-Frauen sind sehr besitzergreifend und fordernd, machen gern den Versuch, andere in eine für sie wünschenswerte Form zu pressen. Darüber hinaus dringen Krebse gern in die Geheimnisse anderer Menschen ein, während sie ihre eigenen sicher unter Verschluß halten. Über kurz oder lang, auf ganz feine Weise, gelingt es ihnen herauszubekommen, was man denkt, aber wehe, man versucht hinter *ihre* wirklichen Gedanken zu steigen. Dann ziehen sie sich in ihren Krebspanzer zurück und verweigern die Aussage über alles und jedes. Der Fisch ist jedoch – ähnlich wie der Skorpion – im Aufdecken der Geheimnisse bei Krebsen erfolgreicher als andere Sonnenzeichen. Das liegt an der Fähigkeit des Fisches, so angenehm und mitfühlend zuzuhören. In der Beziehung mit einem Krebs kommt Neptuns anteilnehmendes Ohr voll zum Einsatz. Keiner hat so viele Alpträume, bleibende Erinnerungen – schöne und traurige –, Ängste, Träume und Hoffnungen auszuschütten wie ein Krebs.

Oh, welch eine Wohltat, auf jemanden getroffen zu sein, der *zuhört*, der sich wirklich *sorgt* und darum weiß, wie ungeliebt und verloren man sich in dieser Welt fühlt. Man ist so allein und unsicher – und da ist plötzlich jemand, der selbstlos Erfolge und Triumpfe mitempfindet und Versagen und Enttäuschungen mitbedauert. Das Herz des Krebses wird vor Erleichterung schier überlaufen. Und die bescheidene Verständnisbereitschaft des Fisches ebenfalls, bis sich die Neptun-Kraft erschöpft. Aber sie wird zurückkommen, immer, denn Fische werden sie nur sehr selten und unter außergewöhnlichen Umständen ablehnen. Der Fisch gibt nie vor, ein Interesse für das Vertrauen des Krebses zu haben. Er ist wirklich engagiert, sein Interesse ist echt und nicht nur eine Sache der Höflichkeit.

Für die ansonsten ruhige und außergewöhnlich angenehme 5:9-Beziehung besteht (außer einem zeitweiligen Zwist über Geldangelegenheiten) die Gefahr von Alkohol und Drogen oder der »Flucht« in Tagträume und Unentschlossenheit. Bedingt durch ihr überaus geselliges Leben kann das Trinken den Krebs und den Fisch in Situationen bringen, wo die Wellen über ihren Köpfen zusammenschlagen. Sie müssen auf der Hut sein, denn der Geist ist willig, aber das Fleisch ist schwach.

Während der Krebs Heim und Herd liebt, antwortet der Fisch eher auf den verführerischen Ruf der Wanderlust und des Reisens und ist auf der Suche nach Tapetenwechsel. Krebse lassen sich zwar auch vom Glanz der großen, weiten Welt faszinieren (obwohl weniger oft) und folgen ihren Verlockungen, aber das Leben in der Fremde gefällt ihnen nicht. Gleichgültig, was sie sonst von sich behaupten, sie sind unglücklich – der Krebs-Mann und die Krebs-Frau –, wenn sie ein Nomadenleben führen. Beide fühlen sich von Natur aus am wohlsten in ihrem eigenen Zuhause, mit den vertrauten Erinnerungen an damals.

Der Fisch hat an sein Zuhause nicht die gleiche sentimentale Gefühlsbindung wie der Krebs. Fische genießen zwar das wohlige Gefühl, ein behagliches Zuhause im Rücken zu haben, aber sie sind bei der kleinsten Versuchung bereit, stromaufwärts zu einem anderen See zu schwimmen, ein Risiko einzugehen, um nicht in seiner schöpferischen Phantasie durch Langeweile und Eintönigkeit abzustumpfen.

Für eine Weile verbringen der Krebs und der Fisch auf ihren gemeinsamen Reisen eine wunderbare Zeit. Aber dann meldet sich beim Krebs das zurückgelassene Herz. Der Fisch wird wahrscheinlich auch umkehren (um dem Krebs einen Gefallen zu tun), aber höchst ungern. Für den von Neptun Beherrschten ist Veränderung das Salz in der Suppe des Lebens. Die Fische-Männer und Fische-Frauen durchweben ihre Träume mit den Plänen der leuchtenden Phantasie, werden aber häufig von den Problemen anderer, irdischer Pflichten eingeholt. Dann sind sie gezwungen, ihre Träume wieder in die Schublade zu räumen, wo sie Staub ansetzen, und auf diesen schicksalhaften Morgen zu warten, der ihnen die Freiheit schenkt, ihre Träume wahr werden zu lassen. Der Fisch hört niemals auf zu warten und zu wünschen.

Fische-Frau – Krebs-Mann

Jeder Krebs-Mann genießt es (manchmal verlangt er es sogar), wie ein Kind behandelt zu werden. Wurde er jedoch als Kind von Mama verwöhnt, erwartet er als Erwachsener diese Verwöhnung auch von seiner Frau. Ja, lieben Sie ihn zärtlich und treu, hängen Sie ihm seine Socken auf, bitten Sie ihn *nicht* um Hilfe im Haushalt, kochen Sie, seien Sie seine Sklavin, beten Sie ihn an und verehren Sie ihn, sagen Sie ihm, daß er im Recht ist, wenn er Unrecht hat, verteidigen Sie ihn gegen seine Feinde, unterstützen Sie ihn in seinen Gefühlen – aber verlangen Sie nie, daß er die Bürde der Verantwortung für Unstimmigkeiten zwischen Ihnen auf sich nimmt.

Glücklicherweise ist die Fische-Frau ganz besonders begabt für diese liebevolle, zärtliche Zuwendung, und meistens ist sie erfolgreich, obwohl sie ihre eigene Persönlichkeit und ihren eigenen Lebensstil dabei stärker unterdrückt, als eigentlich wünschenswert ist. Ihre Träume rangieren an zweiter Stelle, nach den seinigen, und sie wird diejenige sein, die nach einem Streit die Hand zur Versöhnung reicht und alle Mißverständnisse zwischen ihnen ausräumt. Wenn *sie* verunsichert und beunruhigt ist, kann sie sich nicht an seiner Schulter ausweinen. Aber er kann es bei ihr. Ihre Ergebenheit, ihr anteilnehmendes Herz, ihr echtes Bedürfnis, anderen Glück zu bringen, und ihre absolute Selbstlosigkeit stellen sich als recht angenehm heraus –, *wenn* sie ihn sehr vorsichtig davon überzeugen kann, daß es für ihn von Vorteil ist, mit seinen Gefühlen besser umzugehen. Sie möchte von ihm ebenfalls wie ein Mensch mit Gefühlen und gelegentlichen Bedürfnissen verstanden und behandelt sein. Sollte sie den Versuch des Sich-vorsichtig-an-ihn-Herantastens ablehnen und zu entschieden das Verständnis ihrer individuellen Wünsche verlangen, sieht sie sich dem gleichen Problem wie damals seine Mutter gegenüber, als sie die Wahrheit der Situation erkannte.

Ja, und da haben wir dann noch den anderen Krebs, nämlich den Krebs-Mann, der als kleines Krebslein keine Zuneigung erfuhr. Vielleicht war er ein Waisenkind, oder seine Eltern waren zu sehr beschäftigt und konnten sich ihm nicht mit der Liebe zuwenden, die die Krebs-Kleinen brauchen. Oder seine Mutter konnte keine zärtlichen Gefühle für ihn aufbringen. Oder er wuchs in Armut auf und hörte bis in seine Träume hinein die Klagen der Eltern über das fehlende Geld, die ihn fühlen ließen, daß er die Schuld trug für die Extraausgaben, einfach dadurch, daß er auf der Welt war.

Wenn dies die Kindheitsgeschichte des geliebten Krebs-Mannes ist, hat die Fische-Frau eine schwere Aufgabe zu bewältigen. Dann muß sie Psychologe, Psychiater, sein bester Freund, seine Mutter und sein Vater (beide), nicht zu vergessen seine Gebieterin sein und seinem Idealbild von Weiblichkeit entsprechen. Der reinste Engel, der ihn niemals mit Haß oder Ablehnung bestraft, wenn er sich wie der reinste Teufel aufführt, d.h. es wird ihr nichts anderes übrigbleiben, als seine Wunden von damals zu heilen durch nie endende Geduld und Mitgefühl. Aber die Magie der Liebe hat ihre Finger mit im Spiel und läßt ihn eines Morgens mit der Entdeckung aufwachen, langsam, aber sicher Selbstvertrauen und den Glauben an sich selbst gewonnen zu haben. Nur dann kann er sie so selbstlos lieben wie sie ihn.

Dank der geheimnisvollen 5:9-Kombination wird die Fische-Frau bei der Erkenntnis, auf einen der letzten zwei von diesen drei möglichen Typen mit ihrem Krebs-Mann gestoßen zu sein, nicht in Panik ausbrechen. Mit ihrer inneren Ruhe und Heiterkeit ist sie gewillt, das Geschick ihrer Träume und Hoffnungen von einer ihr übergeordneten Intelligenz leiten zu lassen. Sie wird ihr möglichstes tun, alle Hindernisse aus ihrem Weg auszuräumen. Sie empfindet es als vergeudete Zeit, sich weiter zu sorgen um etwas, in das man seine ehrlichsten Bemühungen gesteckt hat. Fischen sagt man nicht nach, daß sie sich im Kreise drehen. Das bedeutet aber nicht, daß der Fisch völlig immun gegen Stimmungen der Angst und Unsicherheit ist. Ab und zu leidet sie unter Depressionen. Aber das dauert selten lange; sie zuckt mit den Achseln und ihre positive, fatalistische Einstellung kehrt zurück, und sie ruht in ihrer heiteren und zuversichtlichen Art wieder in sich selbst. Positiver Fatalismus klingt wie eine irrige Folgerung, ist es aber nicht. Es bedeutet ganz einfach, das Unabänderliche zu akzeptieren und an eine höhere Bestimmung zu glauben, die alles zu einem guten Ende bringt.

Zu ihrem neptunischen Instinkt kommen ihr Scharfblick und ihre Phantasie hinzu. Sie kann auch die guten Eigenschaften im geliebten Krebs-Mann entdecken, seine Möglichkeiten und Stärken als Lebenskamerad – sie sind vielfältig. Neben ihm fühlt sie sich wohl, denn er ist weder aggressiv noch überaus kritisch (ausgenommen an seinen schlechten Tagen, wenn er aufgrund des Mondwechsels launisch ist). Seine Sanftheit berührt sie genauso wie seine zielbewußte Entschlossenheit. Er hat einen erkennbaren Sinn für Verantwortlichkeit. Daher fühlt sie sich sicher vor der Zukunft, sicher auch seiner Anbetung und ihrer eigenen Weiblichkeit. Er ist ein zärtlicher Mann, ein stiller Mann, und sie ist genauso. Seine Nähe vermittelt ihr ein Gefühl des Friedens und der Richtigkeit. Er ist gewandt, er hat einen wundervollen Humor. Er hat genau das gewisse Etwas und das Unberechenbare, um das Leben interessant zu gestalten und so zu verhindern, daß die Liebe durch Gewohnheit schal wird. Darüber hinaus ist er ein galanter und charmanter Liebhaber.

Diese beiden wissen ohne Worte, wann der Augenblick gekommen ist für den sexuellen Ausdruck ihrer Liebe, die sie einhüllt und die aufgewühlten Wellen so beruhigt, wie dies eine körperliche Verschmelzung zwischen Frau und Mann fast immer kann. In ihrer körperlichen Beziehung kann es allerdings auch zu Problemen kommen, nämlich dann, wenn er es versäumt, sie wissen zu lassen, wie sehr er sie braucht, weil er sich zu sehr auf seine unzähligen Ängste und Sorgen konzentriert. Möglicherweise zieht sie sich dann in sich selbst zurück und wird zeitweilig frigide. Wenn er sich aber die Zeit zur Zärtlichkeit nimmt, reagiert sie wie eine Blume nach dem Regen. Vielleicht krabbelt aber *er* in seinen Panzer geheuchelten Desinteresses, wenn sie nach einem Streit ein wenig sarkastisch oder kurz angebunden war. Eine Fische-Frau ist verbal selten unfreundlich; sollte dies jedoch einmal vorkommen, ist der Krebs von dem Gefühl, zurückgestoßen zu werden, geschockt. Aber nach einer Weile wird der Magnetismus zwischen Krebs und Fisch siegen und sie in ihr Einssein zurückholen.

Beide, Krebs und Fisch, sind hartnäckig – auf verschiedene Arten. Die Hartnäckigkeit der Fische-Frau ist zurückzuführen auf die Weigerung zu glauben, daß Fehlschläge permanent sind. Der Krebs ist so hartnäckig, weil er sich sehr ungern von etwas trennt, das er sich sehnlichst gewünscht hat. Der Griff des Krebses umklammert eine sehnlichst erwünschte Sache mit unglaublicher Hartnäckigkeit. Man kann sich daher dem Zugriff eines Krebses kaum entziehen. Mag der Fisch sich auch noch so sehr drehen und wenden, eine endgültige Flucht ist schwierig.

Jetzt möchte ich Ihnen das am besten gehütete gemeinsame Geheimnis dieses Mannes und dieser Frau verraten. Die zahlreichen Ratespiele, die die beiden – Krebs und Fisch – miteinander spielen, haben ihren Grund darin, daß sich jeder sicher sein will, niemals das Interesse des anderen zu verlieren.

Fische-Mann – Krebs-Frau

Der doppelte Wasserzeichen-Einfluß der 5:9-Kombination ist bei Liebenden wie der Krebs-Frau und dem Fische-Mann in vieler Hinsicht magnetischer und zwingender als der von 5:9-Sonnenzeichen-Kombinationen des Feuer-, Erd- oder Luftelements. Die geheimnisvolle Wasseressenz ihres Wesens ist gefühlsbetont und absorbierend – Bilder werden zwischen ihnen reflektiert –, so daß selbst noch nach vielen Jahren des Beisammenseins ihre Romanze häufig etwas Traumähnliches beinhaltet. Sollten sie sich streiten und eine Zeitlang auseinandergehen, werden sie sich stärker vermissen als andere Liebende bei einer zeitweiligen Trennung. Die Leere ist größer. Der Wunsch, zueinander zurückzukehren und sich wieder gut zu sein, ist intensiv. Der Fisch und der Krebs sind kurz nach der Trennung zwei tatsächlich traurige und deprimierte Menschen.

Die Krebs-Frau und der Fische-Mann fühlen mit einer Intensität, die ihr äußerlich zurückhaltendes und ruhiges Wesen Lügen straft. Der Verlust ihrer gegenseitigen Zuneigung würde die beiden daher sehr tief treffen. Es wäre eine schrecklich schockierende Erkenntnis. Ihr Verstand, ihre Herzen und Seelen würden von einer unerwarteten, überwältigenden Gefühlswoge überrollt. Allein der Gedanke einer solchen Möglichkeit erfüllt ihren Intellekt und ihre Gefühle mit großem Unbehagen.

Dies ist ein Grund mehr, daß sich die Krebs-Frau und der Fische-Mann ganz besonders anstrengen, damit die wenigen Reibungsflächen zwischen ihren Persönlichkeiten nicht größer werden. Glücklicherweise sind hier die Differenzen – wie bei allen 5:9-Kombinationen – relativ klein und können, sind sie einmal erkannt, ausgeglichen werden.

Geld wird für manche Krebs-Frau und ihren geliebten Fische-Mann zum größten Hindernis für ein harmonisches Zusammenleben. Sie hortet, verwahrt es, trägt es zur Bank, stopft es unters Kopfkissen und beobachtet, wie es durch kluge Investitionen ständig und stetig mehr wird. Ist sie ein typischer Krebs, kann man ihre Art, damit umzugehen, schon mehr als sparsam nennen. Ihn wird sie anmeckern, weil er überhaupt kein Interesse zeigt, es ihr gleichzutun. Er wirft damit unbekümmert bei seinen Freunden um sich, gibt riesige Summen für die Verwirklichung seiner vielen Träume aus, und was sie nun wirklich als völlig unnötig empfindet, sind seine großen Trinkgelder für Ober, Hotelboys, Gepäckträger und dergleichen.

Wenn sein Mond- oder Aszendentenzeichen Krebs ist oder ihr Mond- oder Aszendentenzeichen Fisch, dann wird er weniger überspannt sein und sie nicht so übervorsichtig – damit wäre dieses Problem weniger gravierend. Oder aber, er muß Verständnis dafür entwickeln, daß sie gar nicht geizig ist, sondern nur besorgt um ihre Sicherheit – die Welt ist nun einmal in wachsendem Maße unsicher. Sie kommt nicht umhin, lernen zu müssen, daß überdurchschnittliches Trara um Geld seine schöpferische Freiheit und Phantasie abwürgt. Dann ist es am besten, wenn sie ihre Bankkonten trennen und keiner sich um die Angelegenheiten des anderen kümmert.

Eine weitere Schwierigkeit ist die Launenhaftigkeit, ein Vorwurf, den jeder dem anderen macht. Er zieht sich zurück in die ruhigen Gefilde Neptuns, um zu meditieren. Sie wird wütend, weil er ihr nicht erzählen will, was er gerade denkt. Oder – sie krabbelt in ihrem Krebs-Panzer und brütet während des abnehmenden Mondes in stiller Melancholie. Das deprimiert wieder ihn, und er macht sich Gedanken darüber, was sie wohl denkt. Er kann jedoch seine Neugierde besser tarnen als sie.

Wenn es keine ungewöhnlich schwerwiegenden Störungen zwischen den Planeten und Aszendenten in ihren Horoskopen gibt, dann besteht nicht die Gefahr, daß in ihrer Liebesbeziehung sexuelle Probleme auftreten. Normalerweise passen der Krebs und der Fisch körperlich ideal zusammen. Durch ihre sexuelle Vereinigung erfahren sie die seltene Freude von Geben *und* Nehmen des Geschenks der Erfüllung.

Die
Fische-Löwe
Beziehung

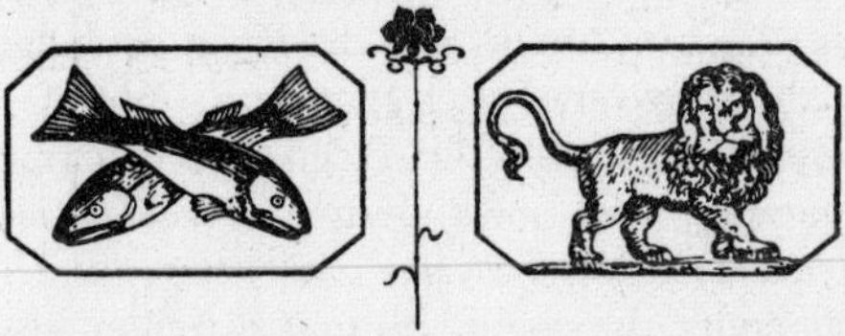

Bevor wir in Details gehen, soll gleich zu Anfang als selbstverständlich vorausgesetzt werden: es gibt weder für den männlichen noch für den weiblichen Fisch eine Hoffnung, den Löwen oder die Löwin jemals wirklich zu besiegen. Warum treiben sich aber dann so viele Fische mit Löwen herum? Ganz einfach – wenn schon einer der Besiegte sein muß, dann ist es für einen Fisch alles andere als unangenehm, wenn ein Löwe der Sieger ist – deshalb!

Löwen sind normalerweise dem Besiegten gegenüber großmütig, gönnerhafte Monarchen, denen grausame oder bösartige Absichten fern liegen (obgleich sie sich oft mit ihrer Arroganz dafür entschädigen), und die Fische neigen insgeheim dazu, sich beherrschen zu lassen, solange es mit Zuneigung geschieht, was beim Löwen meistens der Fall ist. Geführt, beherrscht zu werden, macht das Leben leichter. Irgend jemand sagt ihnen, was zu tun ist, und es bleibt ihnen mehr Zeit für ihre Neptun-Tagträume, und sie vertun weniger Zeit mit Entscheidungen, die Verantwortung verlangen. Der typische Fisch ist immer für eine Verbindung zu haben, die ihm genug Raum läßt, frei herumzuschwimmen, während die nächste Reise stromauf- oder -abwärts bereits von jemand gebucht wird, dem solche Dinge Spaß machen. Die Fische haben jedenfalls keinen Spaß daran. Die Aktivitäten, die das Dominieren und Besiegen erfordern, sind bestenfalls ermüdende Beschäftigungen, die viel Energie erfordern und mehr Einsatz, als der Durchschnittsfisch besitzt.

Die Stellung der Sonne beim ersten Atemzug eines Menschen ist der Schlüssel zu dessen wahrem Sein, und zwar aus dem einfachen Grund, weil die Sonne die stärkste Macht in den Himmelsräumen ist und deshalb auch im Horoskop. Außerdem ist die Sonne der Geburtsherrscher des Löwen. So sind wir wieder beim Ausgangspunkt und der Frage nach der Vorherrschaft zwischen Löwe und Fisch angelangt. Ganz gleich, wie Sie die Lage beurteilen, der Löwe wird den Fisch beherrschen.

Wertschätzung und Bewunderung verfehlen niemals, die heitere Veranlagung des Löwen zu stärken, und niemand versteht hinreißender zu bewundern und zu achten als ein Fisch. Umgekehrt verfehlen die warmen Sonnenstrahlen des Löwen nie, die zarte Blüte der Neptun-Persönlichkeit der Fische zum Aufblühen zu bringen, um die man sich sorgsam kümmern muß, und niemand kann wärmeren und rührenderen Schutz gewähren als ein Löwe. Wenn nicht schwerwiegende Konflikte zwischen ihren Mondzeichen, Aszendenten oder Sonne-Mond-Aspekten herrschen, können deshalb beide jeweils das Beste im anderen kräftigen, einer des anderen Wesensart vervollständigen und beide genügend Freude und Stärkung in einer Verbindung finden.

Dies ist sogar eine sehr häufige Kombination, da der Fisch dem Löwen viel Zärtlichkeit und Einsicht vermitteln kann – und der Löwe dem Fisch ein großes Maß an emotionaler und anderer Sicherheit zu bieten hat. Allein, ein Löwe kann einen Fisch auch verschlingen, wenn er das Spiel leid ist. Diese beiden sind von Natur aus eigentlich nicht verträglich, und müssen deshalb auf Harmonie hinarbeiten. Der Löwe fühlt sich im heißen, dampfenden Dschungel zu Hause – und der Fisch im kühlen, schattigen Wasser. Das sind grundlegende Unterschiede, und einer von ihnen muß seine, symbolisch gesprochen, angestammte Umgebung aufgeben, wenn sie zusammenbleiben wollen.

Die 6:8-Sonnenzeichen-Kombination von Löwe und Fisch hat alle Voraussetzungen, eine befriedigende Verbindung zu werden – mit all dem Reiz, die äußere Kraft für innere Kraft hat. Da der Fisch einen geistigen Adel besitzt, der sich mit dem äußeren Adel des Löwen messen kann, werden sie, wenn sie es versuchen, in jeder Lebenslage gut miteinander auskommen, ob geschäftlich, ob als Freunde, als Familienangehörige oder Eheleute.

Die meisten Fische haben Schwierigkeiten, wenn sie entscheiden müssen, was sie eigentlich tun oder sein wollen. Sie hören nur zu geflissentlich auf beinahe jedermanns Rat, befolgen ihn für kurze Zeit – oder tun gar nichts. Und genau da fangen die Schwierigkeiten an. Dem Löwen muß man gehorchen, oder er wird sich erbärmlich fühlen.

Oft sieht sich der Fisch zwei Möglichkeiten gleichzeitig gegenüber, die ihn beide gleich mächtig anziehen und verlocken. Der Löwe sollte den Fisch sich in beiden austoben lassen, wenn nötig, denn der Fisch braucht Zeit und die Freiheit, Erfahrungen selbst zu machen – als einen Weg, zu sich selbst zu finden.

Ein Fisch sollte, in welchem Verhältnis zum Löwen er auch immer steht, im Auge behalten, daß aufrichtige Anerkennung das wilde Tier eher zu besänftigen vermag als Trotz, Tränen oder Stillschweigen. Und der Löwe sollte nicht vergessen, daß Höflichkeit der wirkungsvollste Köder ist, um den sensiblen Fisch anzulocken, und majestätisches Brüllen den Fisch nur veranlaßt, zitternd mit den Flossen zu flattern und nach Atem zu ringen.

Der Löwe wird die Kontrolle über das Geld fordern (oder zumindest erwarten), da er ein geborener Organisator ist. Aber der Löwe ist auch extravagant. Der Fisch ist oft überraschend gut in kniffligen Finanzdingen, aber er hat nicht wirklich grundsätzlichen Respekt vor Geld. So wäre es besser, wenn sie sich abwechselnd mit der Haushaltskasse befassen würden.

Selten wird ein Fisch eine Konfrontation mit wirklicher Angriffslust durchfechten. Neptun-Männer und -Frauen tauchen lieber in heimlicher Ungewißheit unter. Flucht wird unausbleiblich die endgültige Lösung und letzte Handlung sein. Ein Fisch ist schwer zu fassen.

Löwen, die in Harmonie und Frieden mit Fischen leben wollen, müssen ihnen helfen, einen Weg zu finden, die von Neptun verursachte Dualität ihres Wesens in Einklang zu bringen.Der Fisch braucht eine Hand, die ihn festhält, damit nicht unsichtbare Gefahren hervorbrechen und ihn, ohne Vorwarnung, pakken. Der Löwe beschützt. Der Fisch bewundert ihn – mit rührender Dankbarkeit.

Fische-Frau – Löwe-Mann

Natürlich unterwirft sich nicht jede Fische-Frau den Befehlen ihres Löwe-Mannes oder -Liebhabers, aber die meisten Fische-Frauen haben zumindest einen gesunden Respekt vor dem Löwen und sind nicht übertrieben versessen darauf, sein Gebrüll herauszufordern, auch nicht die Fische-Frauen mit Mond oder Mars im Widder.

Die typische Fische-Frau, die mit einem Löwe-Mann verbunden ist, weiß intuitiv, daß sie sich Seiner Hoheit unterwerfen muß. Sie weiß es, ganz gleich, was sie sagt und ungeachtet der Ratschläge, die sie von wohlmeinenden Freunden bekommt. Der Fisch ist zu erfahren in den Möglichkeiten des menschlichen Herzens, um Methoden anzuwenden, die einer entstehenden Zuneigung höchstens schaden könnten.

Der Löwe ist sehr gefühlsbetont und ein unheilbarer Romantiker. Nur ein Stier kann noch sentimentaler, noch romantischer als der Löwe sein. Und so kann der verliebte Löwe anfangs zu anbetender Unterwerfung in der Begegnung mit der reinen Weiblichkeit der Fische-Frau verführt werden. Aber diese Kapitulation ist nur eine vorübergehende. Der Löwe wird niemals für immer auf den Thron verzichten, auch nicht freiwillig sein Zepter abgeben.

Selten wird diese Frau versuchen, einen Mann zu führen oder zu drängen. Sie wird ihn viel eher sanft und eindrücklich zu überreden suchen, mit einer sehr subtilen Art von Schmeichelei. Führt das zu nichts, mag sie zu eisigem Schweigen Zuflucht nehmen, das heimliches Verletztsein ausdrückt, was den viel offenherzigeren Löwen dann zu Wutanfällen der Enttäuschung treiben kann. Sie wird besser mit den feinen Schmeicheleien fahren, oder es wird eben zu hitzigen Zornes- und wasserreichen Tränenausbrüchen kommen.

Ein Löwe neigt dazu, seine Liebespartnerin beinahe zu einer Göttin zu idealisieren, und erwartet dann auch von ihr, daß sie ihr Leben dieser seiner Vorstellung gemäß einrichtet. Es ist schwierig für ihn, in seiner Frau eine ganz individuelle Persönlichkeit zu erkennen. Statt dessen betrachtet er sie als ein Spiegelbild seiner selbst, als sein hinreißendes Ideal, und veranlaßt sie dadurch manchmal zu verzweifeln, weil sie sich kaum jemals fähig glaubt, auf dem Podest verharren zu können, auf das er sie gestellt hat.

Wie alle Feuerzeichen neigt der Löwe zu dramatischen Auftritten und besitzt gewöhnlich die glückliche Fähigkeit, seine Gefühle mit großem Gehabe auszudrücken. Fische können sich nicht annähernd so leicht ausdrücken, und nach wiederholten Versuchen geben sie möglicherweise auf und wählen den Weg des geringsten Widerstandes – nämlich Flucht.

Ein Bereich, in dem wohl kaum Konflikte zwischen diesen beiden auftauchen werden, ist der Schlaf. Die, die sich mit solchen Dingen beschäftigen, behaupten, daß der Löwe in der Natur draußen siebzehn von vierundzwanzig Stunden einfach verschläft. Beinahe dieselbe Behauptung kann auch für den Menschen-Löwen aufgestellt werden. Was die Fische-Frau betrifft, so zählt auch sie nicht zu den Typen, die bei Tagesanbruch aufstehen. Sie lieben beide den Schlaf.

Die Redensart vom »kalten Fisch« hat sich in die Sprache nicht ohne Grund eingeschlichen. Der Fisch in der Natur ist weder ein warm- noch ein heißblütiges Geschöpf. Das heißt aber nicht, daß die Fische-Frau frigide ist – nur, daß sie möglicherweise dem leidenschaftlichen Feuer des Löwen nicht so fortdauernd entsprechen kann, wie der Löwe es gerne möchte – oder fordert. Aber der Löwe muß in der Sexualität Sinnlichkeit mit Romantik verbinden können, und die Fische-Frau wird für genügend Romantik sorgen. Sie kann in ihre intimen Augenblicke eine fast mystische, transzendente Qualität einbringen.

Eifersucht ist zwischen Ehegatten und Liebespaaren dieser Kombination etwas ganz Alltägliches. Die typische Fische-Dame liebt es, ein bißchen zu flirten, und der Löwe brüllt natürlich mächtig beim leisesten Anzeichen, daß ein Rivale ein Auge auf seine Dame (in seinem »Revier«) geworfen haben könnte. Von ihr wird er selbstverständlich erwarten, daß sie seine Schäkereien mit dem anderen Geschlecht, die von seiner Eitelkeit und seiner Sucht nach Bewunderung verursacht werden, übersieht.

Die Skala der Fische-Frauen reicht vom männermordenden Vamp bis hin zur treuen und ergebenen Frau, die ganz und für immer nur einem Mann gehört. Auch besteht kein Zweifel, daß die Skala der Löwe-Männer vom Casanova-Typ, der sich mit mehreren sexuellen Eroberungen pro Woche brüstet, bis hin zu einem edlen Löwe-Ehemann reicht, der sein Eheweib in den Himmel hebt und ihr treu ergeben bleibt. Treulosigkeit wird den Löwen zur Raserei bringen und den Fisch tief verletzen. Eine Fische-Frau und ein Löwe-Mann können sich gewöhnlich durchaus mit ihren gelegentlichen Flirtereien messen, wohingegen ein Widder oder Skorpion beiderlei Geschlechts ein vertrauliches Lächeln als einen ebenso quälenden Akt von Untreue empfinden, wie einen tatsächlichen Seitensprung.

Die Fische-Frau ersehnt und braucht die völlige gefühlsmäßige Hingabe und die Empfindung mystischer Einheit im sexuellen Vollzug der Liebe, zusammen mit einer Spur von Mysterium. Der Löwe-Mann sucht nach realerer, greifbarer Erfüllung – nach Wärme, Zuneigung und Leidenschaft. Er muß sein Gefühl auch in überschwenglichen Worten äußern dürfen, vor und nach dem Liebesakt.

Beide, Löwe und Fisch, brauchen gefühlsmäßige (nicht unbedingt räumliche) Freiheit, und zwar sehr viel davon. Je mehr von diesem unschätzbaren Recht sie einander großzügig einräumen, um so enger werden sie sich aneinanderschließen. Aber Freiheit muß immer von Vertrauen und Treue begleitet sein – oder sie wird Flucht auf der einen Seite und schreckliche Qual auf der anderen Seite nach sich ziehen.

Fische-Mann – Löwe-Frau

Sie denken sicher, die kühle und majestätische Haltung einer typischen Löwin gegenüber Fremden, die ihre Hand oder ihr Herz suchen, müßten einen männlichen Fisch abschrecken, noch ehe diese Frau eine Gelegenheit hat, ihn zu fangen. So denken Sie. Aber wenn Sie so denken, dann haben Sie wohl vergessen, daß diese Dame auch eine andere Seite hat. Eine Löwe-Frau kann, wenn es ihr behagt, es zu tun, eine helle und ausgelassene Atmosphäre um sich verbreiten, so warm und wohltuend wie ihr Geburtsherrscher, die Sonne.

Es gibt für den Fische-Mann vielerlei Möglichkeiten, der Löwe-Frau zu beweisen, daß er ihre Achtung und ihren Respekt verdient. Er kann vor ihr sein angeborenes Neptun-Talent (oder zumindest seine Begeisterung) für Musik und Dichtkunst entfalten, wovon sie äußerst entzückt sein wird. Aber vor allem darf er niemals ihre königliche Natur verletzen, indem er in einer ungehobelten, groben, respektlosen Art und Weise spricht oder sich benimmt.

Eine Löwe-Frau wird sich niemals einem Mann unterwerfen, der ihr nicht ebenbürtig ist, dem es nicht zusteht, sie zurechtzuweisen, wenn es nötig wäre. Noch wird sie sich für immer in einen Mann verlieben, für den sie sich bei ihren Freunden entschuldigen muß, der sie demütigt und verletzt, sei es öffentlich oder privat.

In der Tat hat der Fische-Mann eine echte Chance, dies schneller zu begreifen als die meisten anderen Männer, nicht nur, weil er sich für vornehm hält, sondern weil noch nie ein Fisch geboren worden ist, der nicht eine ungewöhnliche Fähigkeit besitzt, auch das wildeste Tier durch eine Mischung von höflicher Leidenschaft und passivem Widerstand zu zähmen. Zudem ist er ein unwahrscheinlich guter Zuhörer, und bei dieser Frau werden seine aufmerksamen Ohren mehr als genug zu tun haben. Eine Löwe-Frau liebt nun einmal Zuhörerschaft, und ein Fische-Mann zeigt sich von der besten Seite, wenn er diese Rolle spielt, aus einer ursprünglichen Faszination für die Spiele der menschlichen Natur heraus, die auf den Bühnen der Liebe und des Lebens dargeboten werden.

Wenn ihm gelegentlich ein Fauxpas in Anwesenheit Ihrer Hoheit passieren sollte, braucht er nicht zu zittern und eine Exekution zu erwarten. Denn wahrhaftig ist eine der liebenswertesten Eigenschaften der Löwe-Frau ihre Fähigkeit, voller Gnade jenen zu vergeben, die aufrichtig um Verzeihung bitten. Sie ist von so heiterer Natur und strömt soviel Wärme aus, daß einfach schon ihre Anwesenheit die Menschen um sie herum glücklich macht. Wenn man ihr den Respekt zollt, den sie fordert, dann blüht sie auf. Aber sie erstarrt in eisigem Stolz, wenn ein Liebhaber oder Ehemann sie kommandieren will. Und das versucht ein Fisch auch meist überhaupt nicht. Dieser Mann neigt viel eher dazu, seine Löwe-Königin mit Charme, Witz, Intelligenz und einem erstaunlich großen, intuitiven Verständnis für ihre Stimmungen zu umwerben.

Eine Löwe-Frau stellt bisweilen wirklich unmögliche Forderungen in ihrem Verlangen, sich nur einem Mann hinzugeben, der sich einerseits jedem ihrer Einfälle unterwirft und andererseits genügend Intelligenz und Selbstsicherheit besitzt, um sich jederzeit als ihr ebenbürtig zu erweisen. Das ist ein zweifaches Kunststück, aber der von Neptun regierte Mann hat die beste Chance, dieses Kunststück fertigzubringen.

Ist einmal die erste Verliebtheit vorüber, werden beide beginnen, die Unterschiede zwischen ihren Feuer- und Wasserzeichen zu erkennen, welche sich nicht ohne die Gefahr mischen, sich gegenseitig auszulöschen und zu vernichten. Seine Wasser-Natur verlangt nach viel Zeit zum Nachdenken in Einsamkeit, und so findet er die Extrovertiertheit der Löwin in seiner empfindsamen Einstellung bisweilen als unerträglich. Ihre feurige Natur ist geselliger und verlangt nach dramatischen Auseinandersetzungen, auf daß sie sich küssen und wieder vertragen können, weshalb seine Weigerung, sich mit ihr zu unterhalten, wenn *sie* möchte, der Harmonie abträglich sein wird. Sein Rückzug in Trotz, wenn seine Stimmung gründlich zerstört worden ist, entspricht ihrem stolzen Schmollen, wenn ihre Pläne vereitelt wurden oder man sie ignoriert hat.

Einer der häufigsten Anlässe für Konflikte ist seine natürliche Abneigung, ihr jeden persönlichen Gedanken mitzuteilen. Ein Löwe will immer alles wissen – wer dürfte auch Geheimnisse vor einer Königin haben? Er schon. Und er hat sie des öfteren. Dann wird sie wütend, bis er aufgibt und nachgibt. Ein Fisch sollte sich hüten, der Löwin zuviel Freiheiten zu lassen, oder sie wird sie gegen ihn ausspielen.

Eifersucht kann die Löwin in eine eiskalte Göttin verwandeln, die keine Wärme mehr zu geben hat, weder sexuell noch emotionell. Andererseits können zu viele arrogante Lektionen von Ihrer Majestät dieselbe Art von Verweigerung beim männlichen Fisch verursachen – was dann ihr sexuelles Zusammenleben von warm zu kalt und umgekehrt hin- und herwechseln läßt.

Er sollte dankbar für die seltene Treue sein, die die Löwe-Frau ihm schenkt, wenn er sie verdient, und versuchen, Kummer und tieferes Leid von ihr fernzuhalten, indem er zumindest aufrichtig und treu ist. Es kann einiges in ihrer sexuellen Beziehung fehlen. Vielleicht ist er zu vergeistigt, rätselhaft und unantastbar, oder zu wenig direkt in seiner sexuellen Liebe, um die wilde Leidenschaft in ihr zu befriedigen. Vielleicht ist sie so fordernd und beharrlich in ihrem Bedürfnis nach überwältigender Leidenschaft und fortwährender romantischer Knechtschaft, daß er noch vergeistigter, noch rätselhafter, noch unantastbarer und noch weniger direkt auf sie reagiert – und so wird das ein Problemkreis ohne Anfang und Ende.

In einer Liebesbeziehung wie dieser, wo die Frau in einem männlichen Sonnenzeichen geboren ist, und auch von der männlichen Sonne selbst regiert wird, womit sie unter einem doppelten männlichen Einfluß steht – und der Mann in einem weiblichen Sonnenzeichen geboren ist, und auch von einem weiblichen Planeten, dem Neptun, regiert wird, womit er unter einem doppelten weiblichen Einfluß steht – müssen die beiden Liebenden bewußt und beständig darauf achten, die gefühlsmäßige Balance zwischen sich zu bewahren.

Weiblich heißt weder »schwächlich« noch »weibisch, verweichlicht«. Doch kann ein doppelt weiblich beeinflußter männlicher Fisch möglicherweise zuviel Passivität zeigen. Genauso heißt männlich weder »aggressiv« noch »zudringlich, aufdringlich«. Doch kann eine doppelt männlich beeinflußte Frau zu viel Energie und Kraft zeigen – und dadurch das Gleichgewicht einer Beziehung stören.

Die Herausforderung, eine Löwe-Frau zu lieben, und wiedergeliebt zu werden, beansprucht alles Wissen vom menschlichen Herzen, mit dem der Fische-Mann begabt ist. Die Löwin ist eine beunruhigende, verwirrende Mischung aus Kälte, majestätischer Würde und Wärme, unbekümmerter Ausgelassenheit und Großzügigkeit. Sie kann ermüdend arrogant sein und zugleich ungewöhnlich loyal. Sie schüttelt ihre prächtige Löwenmähne mit einem fröhlichen Lachen und bricht dann in Tränen aus, weil ihr Stolz verletzt worden ist – und all das mit geschmeidiger, katzenartiger Anmut.

Die Herausforderung, einen Fische-Mann zu lieben und wiedergeliebt zu werden, beansprucht die ganze Wärme und Weisheit, mit der eine Löwe-Frau gesegnet ist. Er wird auf ihre Liebe mit Neptunscher Gelassenheit und eisiger Objektivität reagieren, wenn sie darauf beharrt, in seine Geheimnisse oder seine Einsamkeit vorzudringen. Er ist höflich, und er dient bereitwillig, mit ungewöhnlicher Demut des Geistes, wenn er nicht von ihren rasenden Eifersüchteleien und fortgesetzten zänkischen Lektionen aufgerieben wird.

Da die Löwin oft zu viel falschen Stolz besitzt und ihr Fische-Mann so wenig, kann er leicht und höflich ihre häufig ungerechten Gefühle besänftigen. Da der Fisch so wenig Selbstvertrauen besitzt und seine Löwin so viel, kann sie vorsichtig seine geheimen, innersten Ängste beruhigen.

Die Fische-Jungfrau Beziehung

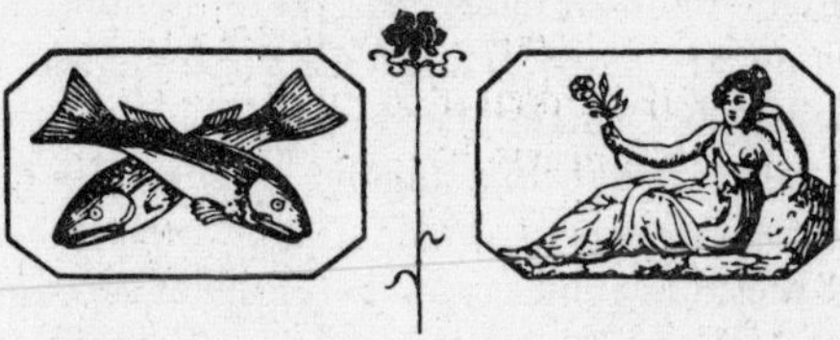

Fische sind unter doppeltem weiblichen Einfluß geboren – dem *weiblichen* Sonnenzeichen der Fische, beherrscht vom ebenso *weiblichen* Planeten Neptun. Die Jungfrauen sind unter dem *weiblichen* Sonnenzeichen der Jungfrau und dem die Jungfrau beherrschenden *männlichen* Merkur geboren. Man sieht sofort, daß die Jungfrau den Fischen etwas voraus hat, und zwar im Sinne eines aktiven oder positiven (d. h. männlichen) Bestrebens, etwas zu beginnen. Der Fisch betrachtet einen aktiven Beginn als Energieverschwendung und ermüdend, und man sollte ihn besser nicht mit der Notwendigkeit, etwas Besonderes »aktiv anzufangen«, belasten. Er ist sehr damit einverstanden, den männlichen Einfluß des Merkur der Jungfrau zu überlassen.

Der Fisch sollte sich jedoch darüber im klaren sein, daß die Jungfrau beide Waffen, die männlichen oder die weiblichen, abrufen kann, wie es ihr beliebt. Der Grund dafür, daß ich von »Waffen« sprach, ist, daß Fisch und Jungfrau eine 7:7-Sonnenzeichen-Kombination darstellen. (Beide Zeichen stehen sich genau gegenüber, also in Opposition). Dies führt nicht so weit, daß die beiden im Kriegszustand sind, aber jeder der beiden besitzt Eigenschaften, die dem anderen fehlen, um die er ihn beneidet und die er selbst gern hätte.

Zuerst einmal besitzt die Jungfrau die Begabung des geistigen Katalogisierens. Die Jungfrau zahlt gewöhnlich ihre Rechnungen, wenn sie fällig sind, sie kommt pünktlich zur Arbeit oder sogar ein paar Minuten früher, schläft die richtige Anzahl

Stunden jede Nacht, schreibt ihre höflichen Briefe sofort, hält ihre Kleidung und ihren persönlichen Besitz in mehr oder weniger systematischer Ordnung – und läßt ihren Wagen regelmäßig auf eventuelle Schäden untersuchen.

Der typische Fisch ist haargenau das Gegenteil. Was die genaue Ordnung angeht, so gleichen die persönlichen Gegenstände des Fisches eher einem abstrakten Bild Picassos. Was die Sauberkeit seiner Behausung angeht, ob er nun in einem Zimmer, einem Appartement, einem Haus oder in einer Villa wohnt, die Wohnung eines typischen Fisches ist immer so aufgeräumt wie ein Bild Salvador Dalis – ausgesprochenes Chaos. Eine liebenswerte, charmante und regenbogenfarbige Unordnung totalen Durcheinanders.

Tatsächlich sind all diese Jungfrau-Eigenschaften, die in dem letzten Absatz erwähnt sind, keine Gewohnheiten, die der Fisch anzunehmen versucht – *bewußt*. Tief in seinem Innersten weiß er jedoch, daß er von weniger Tagträumerei und Faulenzerei, weniger Saumseligkeit, ein wenig mehr geistiger Ordnung und emotionaler Aufgeräumtheit nur profitieren kann. Er will es nur einfach nicht zugeben. Doch nichtsdestoweniger spürt er es und ist deshalb von der Jungfrau fasziniert. Das heißt, er ist von dem jeweils *anderen* Geschlecht des in Opposition stehenden Sonnenzeichens der Jungfrau fasziniert, er kann sich jedoch ein wenig unbehaglich in der Umgebung von Jungfrauen des *gleichen* Geschlechts fühlen, die eine unausgesprochene Herausforderung, Konkurrenten für ihn zu sein scheinen. Da sie beide unter veränderlichen Zeichen geboren sind, überraschen sich Jungfrau und Fische oft gegenseitig, weil sie sich sehr gut miteinander verstehen, selbst wenn sie miteinander wetteifern, trotz der gewaltigen Unterschiede ihrer gegensätzlichen Persönlichkeiten.

Es wäre jedoch nicht richtig, zu verschweigen, daß auch der *Fisch* Eigenschaften besitzt, von denen die *Jungfrau* profitieren könnte – und man kann ziemlich sicher annehmen, daß sich die Jungfrau dessen sehr bewußt ist. Der Verstand der Jungfrau ist so wachsam und scharf, daß beinahe nichts im Unterbewußtsein bleibt. Also ist sich die Jungfrau oft schmerzlich bewußt, daß sie auf den Fisch nicht nur neidisch ist, sondern sie kennt auch die *Ursache* dafür. Es ist die Veranlagung des Neptun zur Tagträumerei und zu Wünschen, und die *Verwirklichung* dieser Wünsche und Träume durch den eigenartigen Neptun-Einfluß – der Parkplatz, der plötzlich wie von Zauberhand auftaucht, eine glückliche Partnerschaft oder der Gewinn eines beachtlichen Preises. Gut, aber wie schafft er es?

Der Fisch wandelt seine Träume und Wünsche in Realität um, indem er ständig sein Vertrauen in das wesentlich Gute des »Ganzen« (das gesamte, kollektive Unterbewußtsein) bestätigt und in die ewige Weisheit einer nicht-klagenden Geduld. Ich sage es der Jungfrau nicht gern, aber der Fisch schafft es, indem er sich über seine Träume und Wünsche nicht so lange den Kopf zerbricht, bis sie verschwunden sind.

Der Fisch ist überraschend aufnahmefähig und tiefblickend. Er sieht in Herz und Verstand, bevor man nur ein einziges Wort geäußert hat, ob man ein Freund oder ein Fremder ist. In eine Richtung gezogen zu werden, kann ein Segen sein. Es macht den Fisch mitfühlend, weise, verstehend und hellseherisch. In verschiedene Richtungen gezogen zu werden, ist ein Fluch. Die Fähigkeit, aufnahmebereit für die Gedanken und Gefühle der anderen zu sein, ob im selben Raum oder auf Distanz, birgt eine ständige Gefahr, aus einem stichhaltigen, astrologischen Grund. Das Geschenk, »empfindsam« oder hellseherisch zu sein, ist nie vorhanden ohne die damit verbundenen Eigenschaften der lebhaften Phantasie und des Potentials einer außergewöhnlichen Kreativität. Selbst wenn das letztgenannte während der Kinderzeit nicht gefördert wird, wächst es und ist unfehlbar in der Fische-Persönlichkeit latent (oder in der Persönlichkeit einer empfindsamen Person jedes Sonnenzeichens). Deshalb müssen die empfindsamen Fische immer auf der Hut sein, daß sie mit ihrer starken Phantasie und den kreativen Talenten (die sie alle zu einem gewissen Grad besitzen, ob sie sich dessen bewußt sind oder nicht) die »Bilder«, die sie ständig von anderen erhalten, nicht verzerren und die Eindrücke mit möglicherweise irreleitenden negativen Tönen und Schattierungen vernebeln. Phantasie ist, ebenso wie Feuer, ein »guter Diener, aber ein schlechter Meister«.

Die Wahrscheinlichkeit ist gering, daß die Jungfrau diese

Verzerrung erlaubt. Daher kann die Jungfrau für den Fisch sehr hilfreich sein, und die Möglichkeit, helfen zu können, ist für sie verführerisch, denn eigentlich ist es ihre Hauptaufgabe in dieser Welt.

Fische-Frau – Jungfrau-Mann

Vielleicht ist es ein wenig boshaft, wenn die Astrologie einige der Neptun-Geheimnisse aufdeckt. Sollte es jedoch helfen, daß der Jungfrau-Mann die Fische-Frau besser versteht, so werden die beiden eines Tages darüber glücklich sein. Diese Frau, die sich fürchtet, gescholten zu werden – und die für die kleinste Freundlichkeit so dankbar ist, die Frau, die so schüchtern, unsicher und abhängig ist, und die eine starke Schulter braucht, an die sie sich lehnen kann – weiß genau, was sie tut, wenn sie sich diesen Anschein gibt. Sie ist die personifizierte Eva, das Geschenk der Natur für das männliche Geschlecht.

Sie hatte einen ausgezeichneten Grund, in die äußerste Ecke des Zimmers zu gehen, als Reaktion auf seine abweisende Antwort auf ihre Frage. Ihre Verrücktheit hat immer Methode, ihre Empfindsamkeit ist immer geschickte Strategie. Die Erklärung des geheimen Grundes für ihr Verhalten, sich in die Ecke zurückzuziehen, gebe ich später. Zuerst ist es einmal wichtig, dem arglosen Jungfrau-Mann eine Vorstellung davon zu geben, welchen »Fang« er mit ihr gemacht hat.

Gleich zwölf Frauen auf einmal. Diese süße, täuschend unterwürfige Dame ist ein ganzer Harem, nur sie allein. Wenn er sich an seine Astrologie-Lektionen erinnern kann, so weiß er, daß ihre Fische-Sonne die Erkenntnis aller elf Sonnenzeichen des Schicksalsrads trägt. Aus diesem Grund ist sie so ein ausgezeichneter Zuhörer. Es gibt nichts auf dieser Welt, das man ihr anvertraut und das bei ihr mehr als ein überraschtes Zucken ihrer Augenlider auslösen würde. Wenn eine ihrer zwölf karmischen Erinnerungen nicht versteht, wird es eine andere der elf verbliebenen tun.

Der Fische-Mann ist sehr ähnlich, doch da die Vertreter dieses Sonnenzeichens unter einem doppelt weiblichen Einfluß stehen (weibliches Zeichen, weiblicher Geburtsherrscher Neptung), ist die Fische-Frau wesentlich trickreicher in der Anwendung weiblicher List. Ein Jungfrau-Mann wird das nach einer kurzen Meditation klar erkennen. Es sollte ihm auch möglich sein, zu sehen, warum sie seinen vernunftbetonten Verstand und seine Gefühle mit ihrem Chamäleon-Charisma verwirrt. Wenn sie (selten) aggressiv und unnatürlich (für sie) verwöhnt und verlangend wird und ihn aus seiner Erdzeichen-Selbstgefälligkeit rüttelt, so ist ein kleines Stück vom Widder in ihr. Wenn sie gelegentlich stur ist und keinen Schritt zurückweicht (sturer noch als er, und das ist ganz hübsch stur), so ist ein bißchen Stier in ihrer Natur, das sie veranlaßt, ihren Verstand zeitweise einzubetonieren und seine beträchtlichen Kräfte an zärtlicher Überzeugungskunst zurückzuweisen. Sollte er endlich mit seinem ruhigen Jungfrau-Charme den Beton zerspringen lassen, wird sie flatterhaft wie ein Zwillinge-Schmetterling, so veränderlich, daß der geschmeidige, beschwingte Merkur (sein Planeten-Stellvertreter) vergleichsweise langsam und bedächtig erscheint.

Jetzt möchten Sie vielleicht wissen, warum sie in die äußerste Ecke des Zimmers hastete, nachdem sie ihn nach seinen genauen Gefühlen für sie gefragt hatte und über seine Antwort enttäuscht war. Weil sie verletzt war? Nein. Weil sie verärgert war und sich daher zum Schmollen in die Ecke zurückzog, ihr Joghurt aß und ihm nichts davon anbot? Ganz bestimmt nicht. Sie ging in die äußerste Ecke des Zimmers. Sie kannte oder spürte unbewußt die mächtige Sonnenzeichen-Polarität zwischen ihnen – daß sich ihre Geburtssonnen zur Geburtszeit gegenüberstanden. Sie weiß, was das bedeutet. Nach einer bestimmten Zeit wird eine Polarität zu anziehend, um ihr widerstehen zu können. Sie wußte also ganz genau, daß es nicht länger als ein paar Minuten dauern würde, bis der Magnetismus ihrer astrologischen «Opposition« sie wieder zusammenführen würde, so daß, wenn sie sich selbst *körperlich* in exakter oder extremer Opposition zu ihm stellte, die Dinge sogar noch schneller «körperlich« werden – und er seine Antwort ein wenig überlegter formulieren würde.

Natürlich hatte sie recht. Ihre Neptun-Strategie hat perfekt funktioniert. Innerhalb von zehn Minuten stürzte er impulsiv durch das Zimmer in ihre Arme und weinte doch tatsächlich offen und erklärte, daß er viel für sie empfinde. Dann hielt er bei dieser errötenden, auf einmal wieder weiblichen und bescheidenen Fische-Frau um ihre Hand an.

Erd- und Wasserzeichen verbinden sich beinahe immer sehr natürlich in reiner Ekstase. Die Leidenschaft zwischen diesen beiden ist selten weniger als tiefe, fruchtbare Liebe, in treuer Nachahmung der tröstlichen Verbindung von Erde und Wasser in der Natur. Oft verliert ein Jungfrau-Mann all seine Selbstkontrolle mit dem Fische-Mädchen, das sein Herz gewonnen hat, und dies ist das beste, was ihm geschehen kann. Was sie angeht, so ist sie durch das Wissen, daß sie ihm Frieden bringt, schon erfüllt. Vielleicht lieben Jungfrau und Fisch so vollkommen, weil sie spüren, daß ihre Träume beim anderen sicher aufgehoben sind. Und so können ihre Körper frei antworten, mit ihrer eigenen Weisheit, dem Intimen und Vertrauten. In dieser 7:7-Beziehung dürfte es nicht viele Hindernisse geben. Er ist so klug und sie so weise (ein winziger Unterschied), daß sie, sollten sie es wirklich einmal nötig haben, Hindernisse ohne viel Aufhebens aus der Welt schaffen können. Beide sind veränderliche Zeichen, also wird es ein Leichtes für sie sein, ihre Probleme zu besprechen, und dies ist immer eine große Hilfe.

Diese Frau kann keinen Mann für lange Zeit lieben, der geizig ist, entweder mit Geld oder mit Emotionen. Sie kann weder Respekt noch warme Zuneigung für einen Menschen empfinden, der eine feste Hand auf seinen Geldbeutel und sein Bankkonto legt, und auch nicht für einen verschlossenen Menschen. Es macht sie allmählich frigide. Wenn er alle zwölf Frauen in ihr glücklich machen will, so muß er lernen auszuruhen, es leicht zu nehmen, er sollte sie nicht kritisieren, wenn sie nur versucht, ihm zu gefallen, und er sollte natürlicher sein. Was die Fische-Frau angeht, so sollte sie unbedingt aufhören, seine Lieblingszeitschriften und -westen hinter dem Schreibtisch zu verstecken, wenn Besuch kommt, oder seine Socken zu verlegen und zu vergessen, seinen Wecker zu stellen.

Fische-Mann – Jungfrau-Frau

Ich weiß, es hört sich seltsam und unorthodox an, doch das erste, was dieser Mann und diese Frau vielleicht diskutieren, ist – nun ja, es ist nicht sehr romantisch, aber sie könnten sich in eine erregte Konversation über ihre Füße hineinsteigern.

Es ist ein Interesse, das sie gemeinsam haben. Das Zeichen Fische »beherrscht« die Füße, müssen Sie wissen. Jedes Sonnenzeichen steht in Beziehung zu einem besonderen Teil des Körpers. Da der Fisch mit den Füßen in Verbindung gebracht wird, sind Schuh- und Fußabnormitäten ein fesselnder Gesprächsstoff für den typischen Fisch. Ähnlich ist es bei der typischen Jungfrau.

Die Jungfrau kauft ihre Schuhe normalerweise mit Bedacht. Sie erwartet von Schuhen, für die sie ihr gutes Geld ausgegeben hat, daß sie strapazierfähig und es wert sind, repariert zu werden. Es gibt natürlich Jungfrauen, die nicht von diesem Tick besessen sind, die meisten jedoch sind mit ihren Schuhen beinahe zu Fetischisten geworden. Sie mögen sparen und knausern mit Kleidung, Vergnügungen, Urlaub und Luxusgütern, wenn es aber zur gesunden Ernährung, Medizin, Toilettenpapier und Schuhen kommt, sind sie wirklich erstaunlich. Es ist nicht so, daß sie extravagant sind, und es ist nicht so, daß sie viele Schuhe *kaufen*, nein, nur heben sie sie auf, bis ihre Kinder sie später einmal tragen können, wenn sie endlich die richtige Schuhgröße erreicht haben.

Eine Jungfrau-Frau wird sich sehr freuen, daß ihr Fische-Mann so sehr daran interessiert ist, ihren Aschenbrödel-Schuh-Geschichten zu lauschen. Ebenso wird er erfreut sein, daß sie so sichtbar von seinen eigenen Fuß-Fabeln fasziniert ist. Der Fisch hört sich so gern die Geschichten anderer Leute an, daß es für ihn eine wirkliche Entdeckung darstellt, wenn er jemanden findet, der *ihm* zur Abwechslung zuhört. Er wird sich enger an sie schmiegen, unaufdringlich, und ihr erzählen, wie er, wenn er sogar im Sommer barfuß am Meer spazierengeht, danach immer nach Hause gehen muß, um seine Füße am Feuer zu wärmen, da sie immer so kalt sind; wie gekränkt er oft ist, weil seine Füße so ungewöhnlich groß (oder ungewöhnlich klein) sind für einen Mann. Sie wird charmant mit ihm fühlen.

Damit hat der Fisch gewöhnlich die erste Schlacht gewonnen. Nicht einmal eine entrückte, kühle Jungfrau kann *diesen* Worten widerstehen, trotz all ihrer Hemmungen und Vorbehalte. Aber natürlich nur, wenn sie ihn dann schon für längere Zeit gekannt hat. Niemals in der ersten Nacht. Also gut, fast niemals. Der Reiz des männlichen Fisches kann unerwartet verführerisch sein, besonders für eine Frau, die unter dem in Opposition stehenden Sonnenzeichen geboren ist. Die gegenüberliegenden Geburtssonnen tun genau das, was sie tun müssen – sie üben eine magische Anziehungskraft aus.

Das sexuelle Einfühlungsvermögen zwischen Jungfrau und Fisch ist wirklich einmalig. Diese beiden sind natürlich Liebende. Selbst mit einem ungünstigen Planetenaspekt zwischen ihren Horoskopen werden sie sich gegenseitig nicht abweisen. Sie werden eher entdecken, daß sie über alles andere streiten können, aber *nicht* über ihre körperliche Liebe. Die reine Zärtlichkeit der sexuellen Annäherung des Fische-Mannes wird die Jungfrau dazu bringen, so zu antworten, wie sie es nie mit einem aggressiveren Liebhaber und Ehemann tun könnte. Etwas Zartes und Poetisches umgibt sein Neptun-Verlangen, das unwiderstehlich das Vergeistigte im Herz der Jungfrau anzieht, während die Ausgeglichenheit der Jungfrau, verbunden mit ihrer irdischen Leidenschaft, den Fische-Mann überrascht und erregt und seine geheimen Sehnsüchte erweckt, um durch die sexuelle Vereinigung mit der Frau, die er liebt, die wunderbaren Träume der Ekstase, an die er sich schwach erinnert, wiederzufinden. Beide sind instinktiv selbstlos, wenn sie sich lieben, ihre sexuelle Verbindung ist also selten verlangend, sondern eher ein zärtliches Geben, das sie gegenseitig erfüllt und glücklich macht, unterstützt von echter Zuneigung und der Bereitschaft, die persönlichen Wünsche des anderen im sexuellen Bereich zu erfüllen.

Jedoch sind diese beiden nicht ganz so einfühlsam und glückselig, wenn es um das liebe Geld geht. Er gibt es gern aus, sie ist da eher zurückhaltend. Es ist möglich, daß sie ihn für unreif und sorglos im Umgang mit materiellen Dingen hält, und sie wird nicht zögern, ihn zu kritisieren, wenn sie glaubt, er sei unbedacht, indem er sein Geld verschwendet für Vorhaben, die einer soliden Grundlage entbehren – oder einfach Geld an Freunde, Verwandte und Nachbarn verteilt – die es vielleicht niemals zurückzahlen können. Er fühlt vielleicht, daß sie übermäßig an Geld interessiert ist, und ihre Ängstlichkeit und ihre Kritik an ihm wegen seiner gleichgültigen Einstellung in puncto finanzieller Sicherheit bringt ihn vielleicht dazu, den Glanz in ihren Augen nicht mehr zu sehen. Der bemerkenswerteste Fehler der sonst beinahe vollkommenen Jungfrau-Frau ist ihre Neigung, unangemessen kritisch zu sein. Und der einzige Fehler, den dieser Mann bei einer Frau nicht ertragen kann – ist Nörgeln. Er ist frustriert, wenn er spürt, daß er in ihren Augen auf irgendeine Art versagt hat; und er wird versucht sein, es ihr heimzuzahlen, indem er einschnappt und gereizt reagiert.

Was ihn angeht, so sollte er wissen, daß er diese Frau zutiefst verletzt, wenn er ihr seine Geheimnisse vorenthält. Manchmal behält der Fisch Geheimnisse ohne ersichtlichen Grund für sich, nur aus der Gewohnheit heraus, Fremden gegenüber zurückhaltend zu sein. Doch sie ist keine Fremde. Sie ist die Frau mit den klaren, funkelnden Augen, die Dinge versteht, wie es keine andere tun könnte – und die ihm mit aufrichtiger Zuneigung zuhört, wenn kein anderer da ist. Ihre größte Sorge gilt seinem Glück. Und wenn er ehrlich ist, so muß der Fisch zugeben, daß er nur davon profitieren kann, wenn eine Jungfrau sich etwas um seine Zukunft und seinen Seelenfrieden kümmert. Er verursacht bei ihr größte Besorgnis, wenn eine Beziehung kein klar definiertes Ziel zu haben scheint. Es würde ihm kein Zacken aus der Krone fallen, wenn er ihr wohlwollend erlaubt, das Schiff für eine Weile zu steuern, bis sie die drohenden Stürme überwunden haben. Später wird sie glücklich sein, ihn bei der Jagd nach den Neptun-Geheimnissen zu begleiten, wenn sie sich sicher und gesichert fühlt.

Da Jungfrau und Fische veränderliche Zeichen sind, werden sie gern gemeinsam reisen – und gewöhnlich können sie sich gut verständigen. Die Aussichten sind gut, daß sie ihre Schwierigkeiten und Sorgen besprechen, analysieren und eine Lösung finden.

Die Fische-Waage Beziehung

Waage und Fische bilden eine 6 : 8-Sonnenzeichen-Kombination, und das heißt, daß keiner von den beiden auch nur die geringste Ahnung hat, warum der andere so und nicht anders denkt und handelt. Die Beweggründe und Einstellungen der Waage, ihr Charakter und ihre Persönlichkeit sind für die Fische völlig fremd und verblüffend – und die Fische sind für Waage-Geborene ebenfalls ein einziges Rätsel. Obwohl Waage und Fische, wenn sie die Wahl haben, in den seltensten Fällen eine Beziehung miteinander eingehen würden, ist eine ganze Reihe von ihnen von Unterschieden, die zwischen ihnen bestehen, dermaßen fasziniert, daß sie ein wenig verweilen, wenn »die Fügung« den Anlaß zu einer vorsichtigen Erforschung ihrer merkwürdigen Verhaltensweisen geliefert hat, und manche entschließen sich dazu, dieses Vordringen ins Geheimnisvolle zu ihrem ständigen Hobby zu machen.

Ein Beweggrund für diese Entscheidung besteht darin, daß die Waage sehr schnell bei den Fischen eine Bereitschaft spürt, ihr auf irgendeine Weise dienlich zu sein. Das »Helfer-Syndrom« ist zwischen Waage und Fischen sogar noch stärker ausgeprägt als zwischen den anderen 6 : 8-Verbindungen, und zwar aus dem einfachen Grund, daß die Fische auch ohne den 6 : 8-Einfluß dazu neigen, allen Sonnenzeichen einen Dienst zu erweisen. Wenn Fische-Geborene also auf eine Waage treffen, verstärkt sich, da sie für die Waage das sechste astrologische Haus darstellen und außerdem noch Bescheidenheit und Unterwürfigkeit für alle übrigen Menschen signalisieren, zwischen den beiden die Tendenz, daß Fische eine hilfreiche und wohltätige Kraft im Leben der Waage sein werden. Doch leider schleicht sich auch eine etwas masochistische Neigung in diese Beziehung ein, weil die Fische es mit ihrer Gutmütigkeit meist übertreiben. Deshalb müssen Fische-Geborene bei der gewöhnlich sehr freundlichen und fairen Waage auf der Hut sein, damit die Waage nicht (unbewußt) diese Hilfsbereitschaft ausnützt und sich dadurch ihr Leben sehr viel angenehmer und leichter gestaltet, der arme Fisch jedoch dabei den kürzeren zieht.

Die Waage hat den brennenden Wunsch, zu heiraten und ihr Leben mit dem eines anderen Menschen in Einklang zu bringen. Es ist tatsächlich so, daß Waage-Menschen unter Unausgeglichenheit und ernsten Depressionen leiden, wenn sie gezwungen sind, für eine übermäßig lange Zeit allein zu bleiben. Die Fische dagegen betrachten die Heirat als eine gefährliche Sache, die jeglicher Freiheit ein Ende bereitet, und es gelingt ihnen entweder erfolgreich, einer Ehe aus dem Weg zu gehen – oder sie bekommen es fertig, sich aus dieser Bindung wieder zu befreien. Viele Fische sind entweder unverheiratete, meditierende Einzelgänger (das ist ihre freie Entscheidung, denn sowohl Fische-Frau als auch Fische-Mann wirken sehr anziehend auf das andere Geschlecht), oder sie können schon eine beachtliche Zahl mannigfaltiger Versuche zum Einlaufen in den Ehehafen vorweisen. Ein Fisch, der nur einmal heiratet, ist eine sehr seltene Erscheinung. Es gibt ihn natürlich, doch gleicht er den exotischen Exemplaren der Spezies Fisch. Relativ gesehen ist ein Fische-Geborener, der nur einmal verheiratet war, ebenso selten wie ein für das ganze Leben verheirateter Zwilling.

Die Auseinandersetzung über die vegetarische Lebensweise ist vielleicht eines der Themen, das sie als Gegenstand ihrer nächsten Auseinandersetzung (sie nennen das Diskussion) auswählen werden. Es bietet einen großartigen Ausgangspunkt für ihren Debattierclub. Der Fische-Geborene kann sich über die religiösen Gesichtspunkte verbreiten, während die Waage den Richter spielt und die moralische Existenzberechtigung von Fisch und Geflügel sowie aller anderen Tiere abwägt, ohne daß diese in die Nahrungsmittelkette eingegliedert werden müssen, denn sie sind für die Ernährung des Menschen nicht notwendig. Es wird ein schweres Problem werden, mit dem sie da fertigwerden müssen. Der vom Fische-Geborenen vertretene religiöse Standpunkt allein umfaßt schon zahlreiche Aspekte, ein Dutzend widersprüchliche Aussagen. Die Waage versucht, alle Argumente dafür und dagegen auszusortieren und einen gerechten Ausgleich zu schaffen – und der Fische-Geborene unterstützt sie dabei nach Kräften, eine Entscheidung herbeizuführen. Es kann sein, daß sie mit der religiös-spirituell-vegetarischen Diskussion heute beginnen, doch bis sie sie zu Ende bringen, vergeht wahrscheinlich eine ganze Menge Zeit.

Fische-Frau – Waage-Mann

Wie bei allen 6:8-Sonnenzeichen-Kombinationen, bei denen die Unterschiede in ihren Grundmotivationen so stark ausgeprägt sind, verlieben sich die Fische-Frau und der Waage-Mann niemals schnell ineinander. Wenn das jedoch einmal geschehen ist, dann ergänzen sich ihre Unterschiede oft überraschend zufriedenstellend, so daß beide auf gleiche Weise davon profitieren. Ihre Gefühle und ihre Sensibilität ist ihnen gemeinsam, ebenso gleichen sie sich auch in ihrer Liebe für das Schöne. Beide ziehen sie Friede und Harmonie einem aggressiven Verhalten und den Belastungen eines Streitgesprächs vor. (Wenn eine Waage argumentiert, so hat das nichts mit Streiten zu tun – das ist weiter nichts als ein angenehmes Gespräch!) Weder Waage noch Fische können die Anspannung eines harten Konflikts lange ertragen, und falls es aufgrund des stark belasteten Horoskops von einem der beiden dazu kommen sollte, wird der andere bald davonlaufen und wahrscheinlich nie zurückkommen. Das Gute daran ist, daß die beiden gemeinsam auch vor Belastungen von außen davonlaufen und sich in den schützenden Hafen der Umarmung des anderen flüchten, um dort die Ruhe und den Frieden zu finden, die sie brauchen, um ausgeglichen und ruhig zu bleiben.

Diese Frau und dieser Mann können durch ihre körperliche Nähe eine Bindung zueinander schaffen, die ihnen sehr bei der

Überwindung der Schwierigkeiten hilft, die ihnen die Angleichung ihrer Persönlichkeiten und ihrer Lebensgewohnheiten aneinander bereitet. Er gibt ihrem zärtlichen Neptun-Herz all die Liebe und Zuneigung, nach der sie sich schon immer gesehnt hat, denn er spürt instinktiv, wie er ihr körperlich seine Liebe auf die freundliche und rücksichtsvolle Weise erweisen kann, derer sie bedarf und die ihr Vertrauen zu ihm einflößt. Sie bringt ihm die gleiche Erfüllung, denn sie spürt seine Wünsche beinahe mit telepathischen Fähigkeiten.

Ihre Liebe ist voller Leidenschaft; manchmal ist sie träumerisch durchwoben, und manchmal, vielleicht nicht jedesmal, erreicht sie ein Stadium der Ekstase, wie Dichter es zum Ausdruck zu bringen versuchen. Diese beiden können diese Ekstase auf ganz natürliche Weise zum Ausdruck bringen.

Die beiden müssen wahrscheinlich aufpassen, damit sie sich nicht gegenseitig zum Hinausschieben von Pflichten und zur Vergnügungssucht verleiten, denn beide sind für fast jede Verführung empfänglich, ob das Faulheit ist, Drogen oder Alkohol . . . oder Tagträume, die keine Aussicht auf Verwirklichung haben. Ansonsten können Fische- und Waage-Menschen sehr glücklich miteinander werden, je mehr ihre Herzen lernen, im gleichen Rhythmus zu schlagen. Ihr mystisches, unerschütterliches Vertrauen zu ihm, und seine optimistische, aufmunternde Unterstützung, wenn sie sich hin und wieder unzulänglich vorkommt, bilden ein starkes und wunderbares Fundament für eine dauerhafte Liebe.

Sie beklagt sich vielleicht manchmal darüber, daß er nicht aufmerksam und verständnisvoll genug ist, um nach den Gründen zu suchen, die zu ihrer Launenhaftigkeit und ihren Gefühlsschwankungen führen, daß er oft eine viel zu kalte Logik an den Tag legt und eine sehr abweisende Haltung einnimmt. Doch sie selbst ist aufmerksam und verständnisvoll genug, um zu merken, daß er nur die Hälfte der Zeit über so ist – und daß sein Mitgefühl wieder hinter seinem Lächeln hervorleuchtet, wenn sie Geduld hat, wenn sie ein bißchen abwartet. Er ist vielleicht ärgerlich darüber, daß die Wohnung nicht so sauber und aufgeräumt ist, wie er sich das vorstellt, er ist verstimmt, wenn sie Dinge, um die er sie bittet, verschiebt und er ist irritiert über ihren abwesenden Blick, wenn er versucht, ihr ruhig und vernünftig etwas zu erklären. Doch sie umgibt ihn mit dem emotionalen Frieden und der Behaglichkeit, die er braucht, und damit macht sie alles wieder wett. Sie ist so voller aufrichtigem Mitgefühl, und er ist in seinem Innersten so fair, daß sie immer einen Weg finden, um Meinungsverschiedenheiten untereinander auszuräumen.

Die Fische-Frau und der Waage-Mann sind beide sehr klug, beide verfügen sie über eine andere Art von Weisheit. Seine ist eine ausgesprochen intellektuelle Weisheit (trotz seiner sentimentalen, romantischen Neigung) und ihre Weisheit ist zutiefst emotional (trotz ihrer äußerlich ruhigen, kühlen Art). Zwischen ihnen wirkt eine magische Kraft, und da sie normalerweise beide zu Kompromissen bereit sind, können sie einander sehr glücklich machen. Wenn sie jedoch eine Raucherin ist, dann wird sie als Beweis ihrer Liebe das Zigarettenrauchen wohl aufgeben müssen. Und er muß aufhören, sie herumzukommandieren. Sie ist nicht seine Haushälterin, seine Waschfrau oder seine Dienerin. Sie ist seine Partnerin – seine Frau.

Fische-Mann – Waage-Frau

Da die männlichen Fische-Geborenen nicht gerade für ihr entschlossenes Handeln bekannt sind, wenn es darum geht, Probleme zu lösen, wollen wir ihm einen Rat geben, wie er der Unentschlossenheit der Waage-Frau begegnen kann, die ihn umgarnt hat. Es ist ganz einfach: Da die Waage ein Kardinalzeichen mit Führungsanspruch ist, gibt es eines, was sie überhaupt nicht ausstehen kann, und zwar, wenn sie das Recht auf eigene Entscheidungsgewalt an andere abtreten soll. Um dem entgegenzuwirken, kann sie sich unglaublich schnell zu etwas entschließen.

Um es noch einmal zusammenzufassen: Die Strategie besteht also darin, zuerst einen Grund für die Unentschlossenheit gegen einen weiteren auszutauschen; zweitens, der Waage nur *einen* Vorschlag zu machen, der ihr bei der zweiten Entscheidung eine Hilfe sein könnte, *nicht mehr;* drittens, ihr genügend Zeit zu lassen, denn die Entscheidungen der Waage stellen immer die klügste Wahl unter allen Alternativen dar, dank der Weisheit, der Fairneß, der Gerechtigkeit, der Logik und des ausgezeichneten Geschmacks der Venus; und viertens, wenn innerhalb eines angemessenen Zeitraums keine Entscheidung getroffen wurde, dann sollte man selber eine treffen und überzeugend vortäuschen, daß man diese Entscheidung sofort in die Tat umsetzen wird. Vier ganz einfach zu verwirklichende Schritte also.

Der einzige Punkt, der den Fischen Schwierigkeiten machen wird, ist der vierte. Einem Fisch fällt es immer schwer, überzeugend zu sein und fest zu bleiben, etwas in die Tat umzusetzen – oder etwas sofort in die Wege zu leiten. Wobei wir wiederum den Fischen zugestehen müssen, daß die Sache mit dem Vortäuschen für den typischen Neptun-Mann eine seiner leichtesten Übungen darstellt. Er kann anderen ganz gut etwas vormachen. Alle Fische sind verhinderte Schauspieler – oder sie sind wie eine Figur aus Grimms Märchen, die sich eines Tages in diese Welt der Illusionen hinausgewagt hat, um zu sehen, was das ist, was alle Leute außer den Fischen unter Wirklichkeit verstehen. Fische können da sehr gut unterscheiden. Sie geraten niemals so sehr durcheinander, daß sie meinen könnten, Träume seien etwas Unwirkliches, eine Phantasiewelt, die wir durch unsere Vorstellungskraft geschaffen haben – und daß das Leben das Allerrealste sei, was es gibt. Ganz und gar nicht. Sie wissen, daß genau das Gegenteil zutrifft. Sie wissen, daß der Kern der Wahrheit darin liegt, daß dies alles ein Traum ist – und daß die Wirklichkeit sich im Traum abspielt.

Von Natur aus hat Neptun sehr viel mit Träumen zu tun, während Venus alles Schöne und Ätherische liebt, alles, was die Phantasie anregt. Die Waage-Logik vertritt ganz entschieden das »Wirkliche«, und der Fische-Geborene wird sich wahrscheinlich um keinen Preis davon abbringen lassen, für alles Esoterische einzutreten. Für ihn wird es aber äußerst interessant sein, sie dabei zu beobachtet, wie sie ein Gleichgewicht zwischen der Wirklichkeit ihrer ganzen Waage-Logik auf der einen und dem Ätherischen und Romantischen auf der anderen Seite, das ihrer Venus-Sanftheit entspricht, herzustellen versucht.

Und gerade diese verschiedenen Eigenschaften haben eigentlich seine träumerische Aufmerksamkeit erregt und dazu geführt, daß er sich hoffnungslos in sie verliebt hat, sich hilflos im Netz ihres Charmes verfing, als er ihr das erste Mal begegnete. Es war diese unwiderstehliche Verbindung zwischen ihrer männlichen Logik und ihrer intelligenten Argumentation – verbunden mit ihrer Venus-Zärtlichkeit und ihrer romantischen Phantasie. Das ist die verführerische Waage-Mischung aus Mitgefühl und einem Sinn für das Praktische. Ihr Mitgefühl kann sich beinahe (wenn auch nicht ganz) mit dem seinen messen. Ihr Sinn für das Praktische ist etwas, das er sehr gut gebrauchen könnte. Daß er damit in Berührung kommt, wird sich sehr wohltuend auf ihn auswirken und einen nachhaltigen, wenn auch manchmal als etwas unangenehm empfundenen Einfluß auf ihn haben.

Da die Waage-Frau in einem männlichen (tatkräftigen) Kardinalzeichen und er unter einem weiblichen (passiven) veränderlichen Zeichen geboren wurde, wird die Waage-Frau, wie reizend und nett sie auch immer sein mag, und egal wie klug und stark er ist, am Ende das letzte Wort behalten, wenn es darum geht, wer in dieser Beziehung die Führungsrolle innehat. Doch wenn es wirklich zum allerletzten Wort kommt, zum »Lebewohl«, dann ist es sehr wahrscheinlich, daß der Fische-Mann es ausspricht. Dem Fische-Mann ist es zuzutrauen, daß er sich ganz allmählich in ein friedlicheres Gewässer treiben läßt, irgendwohin, wo mehr Ruhe herrscht, wenn die Waage-Frau, die er so innig liebt, zu autoritär und fordernd wird und dabei den Führungsanspruch in ihrer Partnerschaft, die eigentlich auf Gleichklang beruhen sollte, übertreibt.

Er wird bei ihr jedoch sehr viel Geduld haben und nicht so stark gegen ihre Beharrlichkeit ankämpfen, wie er das wahrscheinlich bei einer anderen Frau tun würde – und zwar wegen des Einflusses der 6 : 8-Kombination. Er fühlt sich sowohl geistig wie auch körperlich sehr stark zu ihr hingezogen und sie sich auch zu ihm. Sie ist der Kristallisationspunkt seiner Wünsche, die zu einem so leidenschaftlichen und unkontrollierbaren Verlangen anwachsen können, wie er das noch niemals erlebt hat. Genauso ist auch sie auf ganz merkwürdige Weise gegen all ihre Logik und Vernunft in dem Zauber seiner Zuneigung und Sinnlichkeit befangen. Die Venus-Schwingungen in ihrem Innersten sehnen sich nach der verzauberten Ekstase, die ihr sein verwunschenes Neptun-Lied des Meeres schmeichelnd verspricht.

Er weiß, daß sie trotz ihrer manchmal sehr bestimmenden Art und ihrer überraschenden Stimmungswechsel der einzige Mensch ist, der aufrichtig an ihn glaubt, der einzige Mensch, der das richtige Stichwort kennt, damit er genug Enthusiasmus entwickelt, um an *sich selbst* zu glauben. Niemand sonst könnte ihn auf eine so zärtliche Weise davon abbringen, sich in seinen trüben Stimmungen zu verlieren, nachdem er mehrmals eine Enttäuschung erlebt hat. Und außerdem ist auch er ganz schön launisch und wechselhaft. Er hat also kein Recht, sie deswegen zu verurteilen. Und was seine Waage-Frau anlangt, so weiß sie, daß er wahrscheinlich der einzige Mann ist, der den Weg zu dem geheimen, fernen Ort kennt, wo sie neue Kraft schöpfen kann, so daß sie gestärkt zurückkehrt.

Die Fische-Skorpion Beziehung

Dies ist eine 5:9-Sonnenzeichen-Kombination von zwei Wasserzeichen, die mystischer, mysteriöser und vager ist als die 5:9-Kombination von Feuer-, Luft- und Erdzeichen. Fische und Skorpion ziehen einander durch ein stilles und mächtiges Verständnis magnetisch an.

Egal ob ihre Beziehung die von Eltern und Kind, Lehrer und Schüler, Freunden, Geschäftspartnern, Liebenden oder Eheleuten ist – Fische und Skorpione werden sich gewöhnlich auf das Wesen des anderen einstellen. Normalerweise werden sie auf erstaunliche Weise telepathisch miteinander in Verbindung stehen, wenn sich erst einmal in eine mehr als oberflächliche oder flüchtige Freundschaft eingelassen haben.

So können die beiden zum Beispiel umherlaufen, ohne daß nach außen hin erkennbar wird, ob sie die Gegenwart des anderen registrieren. Jeder Außenstehende möchte beschwören, daß sie gar keine Notiz voneinander nehmen, denn oft wechseln sie kein einziges Wort. Der typische Fisch und der typische Skorpion sprechen oft ohne Worte miteinander, weil sie eine bestimmte Art zu denken gemeinsam haben und deshalb in der Lage sind, sich ohne verbalen Kontakt zu verstehen.

Bei einem derartigen gegenseitigen Verständnis könnte man annehmen, daß die beiden überhaupt keine Probleme kennen. Leider ist das nicht der Fall. Der Himmel auf Erden, wenn er auch immer näher rückt, wurde noch nicht verwirklicht. Das Hauptproblem einer Beziehung zwischen Fische und Skorpion ist das der Schwäche und Stärke.

Der Skorpion ist stärker, der Fisch schwächer? Nein. Es ist genau umgekehrt. Zugegebenermaßen scheint der Skorpion anfangs der Stärkere zu sein. Sie gehören beide Wasserzeichen an, und da Wasser das stärkste aller Elemente ist, bedeutet das, daß sie beide sehr ausdauernd sind. Außerdem besitzt der Skorpion eine gewaltige Pluto-Macht. Doch Pluto-Macht basiert in großem Ausmaß auf dem EGO. Dem menschlichen Ego. Neptun-Macht (Neptun ist der Geburtsherrscher der Fische) basiert auf einer Kraft, die durch nichts neutralisiert werden kann. Ihr Name ist – Demut. Sie werden bemerkt haben, daß ich EGO in großen und Demut in kleinen Lettern geschrieben habe. Und das ist der Grund dafür, daß Demut stärker ist als das Ego, wenn man alles überdenkt. Es hat eine Menge zu tun mit »die Ersten werden die Letzten sein, und die Letzten werden die Ersten sein«. Diese Aussage bedarf einiger Meditation.

Auf der menschlichen Persönlichkeitsebene wird der Skorpion, der eine Beziehung mit einem Fisch eingeht und glaubt, er könnte das arme kleine Fischlein in die Tasche stecken – eine Überraschung erleben. Sie wissen, wie schwer es ist, einen Skorpion zu überraschen. Aber es ist möglich. Wenn es darum geht, wer die größere Willenskraft besitzt oder die größeren Überraschungen liefert, dann wird der Fisch die größte Überraschung bereithalten, äußerst unerwartet.

Ich hoffe, die beiden streiten nicht über das liebe Geld. Aber sie könnten es. Der typische Fisch ist äußerst großzügig. Dasselbe gilt für den Skorpion, wenn es um enge Freunde, Verwandte und alle die geht, die er als »würdig« erachtet. Der Skorpion ist denen gegenüber sehr großzügig, doch bei allen anderen kann er um so knauseriger sein. Der Fisch kümmert sich weniger um die Nutznießer seiner Großmut. Die meisten Fische verschwenden »keinen Gedanken an das Morgen«. Sie werden scheinbar immer in die Probleme der anderen verwikkelt, zuzüglich ihrer eigenen. Umgekehrt verschwendet der Skorpion, da er ein festes Zeichen ist, sehr viele Gedanken an die Zukunft. Es ist ein innerer Zwang. Die Skorpion-Fixiertheit drängt diese Menschen sicherzugehen, daß etwas für schlechtere Zeiten beiseitegelegt ist – eine Art von Versicherung für den Fall eines Schicksalsschlags oder höherer Gewalt. Skorpione pflegen weit, weit vorauszusehen, um sich auf jeden möglichen Notfall vorzubereiten, den die Zukunft für sie bereithalten könnte.

Es wird dem telepathisch veranlagten Fisch nicht leichtfallen, den Skorpion von seiner Meinung abzubringen. Doch obwohl der Fisch weniger dazu neigt, sich über eingebildete zukünftige Katastrophen graue Haare wachsen zu lassen als der Skorpion, verliert er seine lässige Gleichgültigkeit, wenn er einmal einen wirklich starken Verdacht oder eine Intuition hat; dann teilt er die Sorge des Skorpions. Das kommt allerdings höchst selten vor. Meistens glaubt der Fisch, daß der Skorpion nur einen gewaltigen Sturm im Wasserglas erzeugt. Es gibt natürlich Ausnahmen, doch man kann allgemein feststellen, daß der Skorpion zum Schweigen neigt, gefolgt von vielen Stunden des Brütens – wohingegen der Fisch zum Reden neigt, gefolgt von vielen Stunden des Brütens.

Und wieder von Ausnahmen abgesehen, sind Skorpione, generell gesprochen, etwas eher dazu geneigt, ein Hochschulstudium abzuschließen als die Fische. Wenn der Fisch auch über die »Uni« spottet, so ist er doch heimlich beeindruckt von dem, was die anderen dort alles lernen. Das heißt, der Fisch ist beeindruckt, bis er entdeckt, daß der Skorpion mit Abitur, Diplom oder Doktortitel nicht begreifen kann, wie die menschliche Stimme im sagenumwobenen Atlantis auf Quarzkristallen festgehalten werden konnte – oder *ob* dies überhaupt geschehen konnte. »Nun«, sagt der Fisch, »weißt du, das Ganze funktioniert ungefähr so . . .«

Fische-Frau – Skorpion-Mann

Die seltsame Folge des Zaubers, den der Skorpion-Mann auf die Fische-Frau ausübt, ist sehr häufig Liebe – gefolgt von Ehe. Wenn es nicht Ehe ist, dann ein intensives und meist unvergeßliches Liebesverhältnis. Zumindest aber wird ihre Unterwerfung unter jenen ersten Moment des Zaubers zu einer engen und dauerhaften platonischen Freundschaft führen (vorausgesetzt natürlich, sie haben keine ungünstigen Planetenkonstellationen in ihren Horoskopen). Es kommt sehr selten vor, daß eine 5 : 9-Sonnenzeichen-Kombination in offener Antipathie endet. Die beiden sind – geht man davon aus, daß alle anderen planetarischen Aspekte günstig sind – wie füreinander geschaffen.

Leider lassen manche Fische und Skorpione, die sich ja eigentlich glücklich schätzen müßten, heimliche Ängste und ständiges Zaudern das glückhafte Erlebnis trüben, das so greifbar nahe für sie ist. Wenn sie nicht rechtzeitig die Augen öffnen, könnten die Götter ihr Geschenk zurücknehmen und das, was eine glückliche Beziehung auf Lebzeiten geworden wäre, endet in einer Trennung. Es gibt mehrere Ursachen für eine solche Tragödie.

Eine dieser möglichen Ursachen ist, daß einer oder beide sich schon einem anderen versprochen haben könnten, wenn sie sich zum ersten Mal begegnen – deshalb einem oder beiden der Mut fehlt, die plötzliche Erkenntnis ihrer Herzen einzugestehen, weil ihr Pflichtgefühl es ihnen verbietet. Manchmal ein unangebrachtes Gefühl, weil der Partner, dem solch eine Treue zuteil wird, so oder so der Verlierer ist; denn mit einem Menschen zu leben, dessen wahres Herz einem anderen gehört, ist eine traurige Angelegenheit. Dies soll keine Befürwortung von Ehebruch oder Scheidung sein. Es ist lediglich ein Versuch aufzuzeigen, wie man beides verhindern kann; denn Mann und Frau machen Fehler und lassen sich häufig von ihren Gefühlen irreführen, um später zu erkennen, daß sie hätten warten sollen, bis sie eine auf allen Ebenen der menschlichen Emotionen tiefere Leidenschaft empfunden hätten, statt sich mit weniger Liebe von nur einer Dimension zufriedenzugeben. Der altmodische Rat, daß »Probieren über Studieren« geht, ist in Wirklichkeit gar nicht so altmodisch und überholt, sondern eine ewige und allzeit gültige Weisheit.

Manchmal halten Kinder oder bestimmte Überlegungen den Skorpion-Mann und die Fische-Frau davon ab, zusammenzukommen, und die Verbindung muß abgebrochen werden. Wenn einem Fisch und einem Skorpion ein solches Schicksal widerfährt, dann wird der Schmerz gewöhnlich tief empfunden, ein Schmerz, den selbst die Zeit nie völlig heilen kann. Aus vielfältigen astrologischen Gründen und gewissen Charakter-

und Persönlichkeits-Nuancen sind es eben solche Situationen, in die Fische- und Skorpion-Liebende häufig verstrickt werden.

Wenn keine der oben erwähnten Hindernisse bestehen, wird ihr Leben zu einer Symphonie der Heiterkeit und Freude, des Friedens und des Glücks. Es wird natürlich auch Paukenschläge in den Sätzen ihres romantischen Konzerts geben; nicht alle Passagen werden von Flöten und Violinen gespielt. Ein Skorpion-Mann hat einen starken Willen, tiefe Gefühle und feste Überzeugungen und wird hartnäckig jedem Versuch widerstehen, sich in eine Richtung drängen zu lassen, die er nicht einschlagen will, und zwar symbolisch wie auch buchstäblich. Außerdem ist er höchst mißtrauisch. Und trotz seines ausgeprägten Mißtrauens ihr gegenüber erwartet er blindes Vertrauen, nicht nur in sexueller Hinsicht, sondern in allen Bereichen, die sie beide angehen. Das ist ein wenig egoistisch von ihm. Doch die Fische-Frau wird ihm seine dominante männliche Doppelmoral nicht so übelnehmen, wie andere Frauen es könnten (und gewiß auch täten). Es wird vereinzelt Fälle geben, wo Fische-Frauen selbst so dominant sind, daß sie den Skorpion, der es wagt, sie zu kritisieren oder eines Besseren zu belehren, am liebsten umbringen würden, doch wie immer wollen wir uns nur mit der typischen Neptun-Pluto-Beziehung auseinandersetzen.

Die typische Fische-Frau wird bei den gelegentlichen Demonstrationen seines männlichen Überlegenheitsgefühls nicht gleich in Panik geraten. Diese Frau beherrscht jede einzelne weibliche List, die der Mann schon seit Eva fürchtet, ja oft so manche mehr. Selbst die ungeheuere Macht und Durchschlagskraft Plutos ist eine schwache Waffe gegen ihre totale Weiblichkeit. Der Skorpion brennt vor Ungeduld, jedes lohnende Mysterium, auf das er stößt, aufzudecken (die nicht lohnenden ignoriert er kalt), doch das Mysterium der weiblichen Mystik der Neptun-Frau wird er nie ganz in den Griff bekommen, was ihn bekümmert und im Unterbewußtsein in starkem Maße peinigt. (Nichts, was der Skorpion empfindet, könnte jemals in geringem Maße empfunden werden.) Und paradoxerweise ist gerade das der Köder, der ihn zu dieser Frau mit ihren vielen Launen, ihrer undurchdringlichen Aura und ihren vielen Schattierungen von Sinnlichkeit und Reinheit lockt.

Was ihn dagegen weniger anziehen und statt dessen in Plutos düstere Launen oder in einen trüben, schicksalsschweren Rückzug treiben wird, ist ihre Neigung, ständig herumzunörgeln. Nicht auf laute, schrille Weise. Eine Fische-Frau könnte das gar nicht. Nein, sie tut es sanft, fast zärtlich, bescheiden. Bescheiden, genau das ist es für die meisten Männer, doch die Pluto-Gefühle sind so fein, daß er jede Nuance auffangen kann, deren sich andere Männer völlig unbewußt sind. Die Fische-Frau kann den Widerstand eines Mannes so raffiniert abbauen, daß er es kaum bemerkt. *Dieser* Mann jedoch wird es bemerken. Nachdem er ihren fortwährenden subtilen Andeutungen ausgeliefert war, könnte er mit großer Heftigkeit reagieren, wenn er die Kontrolle über seine große Selbstdisziplin und Beherrschung verliert.

Doch nachdem er sie verlassen hat (und wenn sie ihre Lektion gelernt hat), kehrt er vielleicht zurück. Er könnte zu keiner anderen Frau zurückkehren, doch diese verfolgt ihn in seinen Träumen auf eine Weise, die selbst er nicht völlig ergründen wird. Wie bei allen 5 : 9-Kombinationen kann ein Bruch einen neuen Anfang nach sich ziehen.

Trotz der gelegentlichen Disharmonien, die bei ihren emotionellen Zänkereien entstehen, werden die glücklichen Stunden die unglücklichen überwiegen. Die ekstatischen Erlebnisse in ihrer sexuellen Vereinigung schweißen die beiden unsichtbar, aber dafür um so fester zusammen. Dann werden die beiden, sobald sie sich auf physischer sowie auch emotionaler und geistiger Ebene lieben, einander eingestehen (wenn sie ehrlich mit sich selbst sind), daß kein Erlebnis mit irgend jemandem in der Vergangenheit – noch in der Zukunft – dem Erlebnis, das sie miteinander erfahren durften, auch nur entfernt nahekommt. Ist das nicht Grund genug, zusammenzubleiben, wenn die beiden schon wissen, daß es keine größeren Höhen gibt als die, die sie schon erklommen haben?

Das einzige wirklich bedeutende Hindernis, das sich zwischen der Neptun-Frau und ihrem Skorpion-Mann aufbauen kann (alle anderen sind leicht zu überwinden), die einzige Gefahr, die diese beiden jemals bedrohen könnte, die doch nur höchste Erfüllung zusammen finden sollten, ist nie die Unvereinbarkeit, sondern der egoistische Aspekt menschlicher Emotionen, der hinter ihrer Ergebenheit lauert, um sie zu Gefangenen ihrer eigenen begehrenden Naturen zu machen. Es könnte ein voreilig gesprochenes Wort sein, zu spät bereut, mangelnde Kenntnis der sorgsam versteckten und doch sehr verletzlichen Sensibilität, manchmal unberechtigtes Mißtrauen und Eifersucht, Flucht vor Schmerz und Verzweiflung in Alkohol und Drogen oder vielleicht eine milde Form von Täuschung oder nur gespielter Gleichgültigkeit, die den anderen tief verletzt.

Fische-Mann – Skorpion-Frau

Wenn unsere Skorpion-Frau und unser Fische-Mann Liebende oder Ehepartner sind, und nicht nur gute Freunde, dann kann sie sicher sein, daß nicht nur sie von ihm schon in ihrer Kindheit träumte, sondern er auch von ihr. Wo würde sie ihm begegnen? Wann würde sie ihm begegnen? Wie würde sie ihm begegnen? All diese Fragen bewegten sie tief, nie jedoch die Frage, *ob* sie ihm begegnen würde. Das wußte sie ganz einfach.

Das Echo mag schwach gewesen sein, doch auch Neptun hat dem Fische-Mann ins Ohr geflüstert, als dieser noch ein kleiner Junge war, daß er eines Tages, irgendwo, irgendwie – jemandem begegnen würde, der seine Betrachtungsweise verstehen, der die Dinge so sehen würde, nicht, wie sie in Wirklichkeit sind, sondern wie sie sein könnten und sein sollten.

Sie können sich vorstellen, wie er es empfunden haben muß, als sein Blick zum ersten Mal auf dieses seltsame Wesen fiel, das sanft war, ruhig und trotzdem stark, doch vor allem – so tief, nicht oberflächlich. Sie starrte ihn an wie gebannt, nicht verführerisch oder kokett wie all die anderen, sondern offen und ohne Furcht, bis er spürte, daß er sich in ihrem Blick verlor. Er erwiderte ihren Blick, und dann passierte etwas. Später konnte keiner mit Sicherheit sagen, was passiert war. Sie wußten nur, daß es passiert war.

Und sie verliebten sich, natürlich, auf die typische Fische-Skorpion-Art – das heißt, genaugenommen, auf die Art, wie alle Menschen aus Wasserzeichen es zu tun pflegen. Nicht mit der Explosivität von Feuerzeichen-Paaren, auch nicht auf Wolken schwebend wie Luftzeichen, noch mit der erdhaften Sinnlichkeit von Erdzeichen unter dem Einfluß der 5 : 9-Kombination, sondern im Mysterium versinkend, so wie ein Fisch und ein Skorpion es auf ganz natürliche Weise tun sollten.

Wenn sich diese beiden verliebt haben, wird ihr Leben nicht mehr so sein wie zuvor. Es wird mehr Tiefe, mehr Bedeutung, mehr Abenteuer, mehr Wunder bergen, als es beide jemals gewagt haben zu träumen, und das bedeutet viel, wenn man bedenkt, daß sowohl Fisch als auch Skorpion Experten im Träumen sind. Doch das Leben wird auch Kummer, Ärger und Frustrationen für sie bereithalten. Selbst eine 5 : 9-Sonnenzeichen-Kombination ist kein Garantieschein für allzeitige, absolute Harmonie.

Trotz ihrer beachtlichen Verträglichkeit – und sie *ist* beachtlich – wird ein gewisser Lernprozeß vonnöten sein. Er wird lernen müssen, daß die Gewohnheit, die er schon Jahre vor ihrem Kennenlernen angenommen hat, nämlich die Fakten mit zuviel Phantasie auszuschmücken, Ärger heraufbeschwört. Erstens ist es völlig sinnlos, sich bei dieser Frau auch nur in die kleinste Notlüge der Höflichkeit oder Zuvorkommenheit zu verstrikken. Sie erspäht eine Lüge von winzigster Dimension – aus meilenweiter Entfernung. Zweitens gibt es nichts, was sie mehr erzürnt als zu spüren, daß der Mann, den sie liebt, etwas vor ihr verbirgt, ein Geheimnis vor ihr hat, egal wie klein und unbedeutend es ist. Was das Ganze so frustrierend macht, ist, daß sie den Anspruch erhebt, ihre eigenen Geheimnisse für sich behalten zu dürfen, wenn ihr danach ist. Es ist absolut nichts dabei, wenn sie einenTeil ihres Ichs verschweigt, doch zählt es zu den sieben Todsünden, wenn er dasselbe tut. Wenn ihr Mond im Zeichen Waage steht oder die Waage ihr Aszendentenzeichen ist, könnte sie ein bißchen fairer sein. Sonst nicht. Da es der typische Fische-Mann vorzieht, sein Privatleben für sich zu behalten, und nicht über seine Pläne spricht, bevor er beschließt, sie auszuführen, sehen Sie gleich, wo das Problem liegt.

Welche Art von Plänen könnte ein Mann vor der Frau, die er liebt, geheimhalten? Er könnte beabsichtigen, seinen Beruf zu wechseln oder seinen gesicherten Arbeitsplatz aufzugeben, um seinem Traumberuf nachzugehen. Oder er könnte im Sinn haben, Vegetarier zu werden, ohne genau zu wissen, ob es wirklich das ist, was er will – oder er könnte sich fragen, ob er einen Yoga-Kurs belegen soll. Er braucht gar nichts Finsteres oder Übles zu planen oder etwas, das ihre Beziehung bedroht. Doch der Fisch mit seinen ständigen Andeutungen und Ausflüchten erweckt häufig genau diesen Eindruck.

Eine Skorpion-Frau weiß, was sie will und wohin sie gehen möchte, auch wenn sie es nicht öffentlich verkündet und nicht ständig darüber redet. Sie *weiß* es. Und sie hat die nötige Energie, um dorthin zu gelangen – oder ihm zu helfen, dorthin zu gelangen. Sie kann eine unglaubliche Zähigkeit entwickeln, wenn sie ein bestimmtes Ziel vor Augen hat, und ihr Einsatz und Eifer sind unermüdlich.

Der Fisch ist nicht so versessen darauf, irgendein Ziel zu erreichen. Er liebt das Reisen an sich schon viel zu sehr, um sich über den Bestimmungsort allzu große Gedanken zu machen. Er ist sich gar nicht so sicher, daß irgend etwas im Leben die Art von Anstrengung wert ist, die einem sämtliche geistigen, psychischen und physischen Kräfte aus den Knochen saugt. Und so wird es Zeiten geben, wo er ihrer Meinung nach zuviel zaudert, zu lange zögert. Eine kleine Energiespritze dann und wann täte ihm sicher ganz gut. Und ihr würde es nicht schaden, wenn sie ihre innere Hektik ein wenig bremsen könnte. Sie führt nur zu Magengeschwüren, selbst bei Frauen. (Ja, ich weiß, sie sieht wie eitel Sonnenschein persönlich aus – nach *außen* hin, das ist das Problem.) Ihre inneren Turbulenzen, die äußerlich nicht in Erscheinung treten, können für den Mann, der sie liebt, schrecklich zermürbend sein.

Doch wie sehr sie ihn auch manchmal unter Druck setzt, wie besitzergreifend sie gelegentlich sein kann, wenn sie sich bedroht fühlt, wie explosiv ihre Launen sein können, wenn sie wirklich wütend ist – er liebt sie. Und wenn man jemanden liebt, dann läuft man nicht vor den Dingen davon, die einen verletzen, sondern man sucht nach einem Kompromiß, um auf einen gemeinsamen Nenner zu kommen. Denn man weiß, daß der Schmerz der Einsamkeit noch größer ist und das Leeregefühl ohne die geliebte Person quälend sein wird. Nichts könnte schlimmer sein als das – absolut gar nichts. Also versucht man es. Der Fisch ist sehr geduldig. Doch selbst ein Fisch ist nicht in der Lage, immer gegen den Strom zu schwimmen, und so könnte dieser Mann untertauchen und ohne vorherige Warnung verschwinden. Sein Verschwinden (oder ihres) wird beide nur unglücklich machen, und deshalb sollten sie es immer und immer wieder mit allen Kräften versuchen.

Viele Liebesbeziehungen oder Ehen überstehen heftige Gefühlsstürme nicht, doch der Skorpion ist fest entschlossen, seine Verbindung durch seine unglaubliche Willenskraft intakt zu halten. Der Fisch, wenn er liebt, besitzt dieselbe Zähigkeit, doch er ist weniger verbissen, dafür sanfter und beruhigender, und ihm fallen phantasievollere Mittel ein, um das Schiff bei Sturm auf Kurs zu halten. Obwohl beide einen gesunden Sinn für Humor haben, lachen sie weder schallend noch anhaltend, wenn der Witz ihn oder sie betrifft.

Der Fisch hat seine eigenen und äußerst individualistischen Vorstellungen, was die existentielle Sicherheit für sich und seine Dame betrifft. Sie könnte besorgt sein, daß er zu häufig von einer Sache zur nächsten treibt – oder daß er nicht genügend Ehrgeiz besitzt.

Ein Fische-Mann hat die Gabe, sich aus so ziemlich allem herauszureden und herauszuwinden. Doch bei einer Skorpion-Dame wird es ihm nicht gelingen. Deshalb wird er es mit einem andern Neptun-Täuschungsmanöver versuchen. Er wird ihr schmeicheln, Honig um den Bart (pardon Mund!) streichen und ihr erklären, wie sehr ihm an ihrer Meinung gelegen ist. Doch auch das zieht bei ihr nicht. Und schließlich wird er begreifen, daß der einzige erfolgreiche Weg, sich mit dieser von Pluto regierten Frau auseinanderzusetzen, darin besteht, stets kontra zu geben – den Mut zu haben, zu seiner Überzeugung zu stehen, jawohl – aber nie zu versuchen, der Streitfrage mit Charme auszuweichen.

Es kommt vor, daß eine Skorpion-Frau mitten im Liebesspiel mit ihrem Fische-Mann plötzlich in Tränen ausbricht – und das, weil sie spürt, daß sie, außer in ihrem intimen Beisammensein, nie wirklich sie selbst sein können. Außerhalb ihrer Umarmungen gibt es so viele innere und äußere Hemmnisse, doch wenn sie das Einssein durchleben, dann scheint es wie eine Antwort auf alles in der Welt – ihrer Welt zumindest. Wenn sie allein sind, dann weiß sie, wie sehr er sie braucht, weiß sie, daß er bei ihr Frieden findet, und darin findet sie ihr Glück.

Es fällt diesen Liebenden schwer, wirklich ehrlich zueinander zu sein. Sie erraten sehr schnell die Spielchen des anderen und tun dann so, als hätten sie sie *nicht* erraten. Das Unausgesprochene verleiht ihrer körperlichen Liebe zusätzlich einen mystischen Aspekt. Oft sagt das Schweigen in der sexuellen Sprache von Fisch und Skorpion sehr viel mehr als tausendundein Wort.

Die Skorpion-Frau muß von der Neptun-Weisheit des Fische-Mannes das Verzeihen lernen. Er verzeiht mit solcher Leichtigkeit, fast beiläufig, sie hingegen nur auf Kosten ihres Stolzes. Er auf der anderen Seite muß von ihr lernen, den Stürmen zu trotzen, und zu *wissen* – nicht zu *hoffen* –, daß das Schiff sicher das Ufer erreicht. Sie kann ihn Selbstvertrauen lehren, die Tugend, die er am meisten braucht. Er kann sie Glauben und Vertrauen lehren und ihr auf sanfte Weise begreiflich machen, daß sich Mißtrauen nicht auf Heiterkeit reimt, sondern auf Trübsal.

Die Fische-Schütze Beziehung

Die Schütze-Fische-Beziehung ist eine 4:10-Sonnenzeichen-Partnerschaft. Die Sonnenzeichen von Schütze und Fische stehen in Quadratur. In der Astrologie ist das Quadrat ein höchst spannungsgeladener Aspekt. Spannung oder Reibung können jedoch nach Belieben in Energie umgewandelt werden, ja, sie sind sogar die Voraussetzung für die Erzeugung von Energie – sei es in einem Physiklabor oder zwischen zwei Menschen. Ein Hauch von Spannung kann bei zwischenmenschlichen Beziehungen sehr gesund sein.

Man weiß nie, was bei einer Energie-Überlastung alles passieren kann. Sicherlich können Sicherungen durchbrennen – und das Ergebnis ist dann, daß die Harmonie nicht mehr wiederhergestellt werden kann. Sollten Schütze und Fische ernsthaft miteinander ihr Glück versuchen, dann müssen sie besagte Spannung heruntertransformieren, bevor sie beginnt, ins Unermeßliche zu steigen.

Wie sollen wir den Versuch beginnen, die Bande der Verträglichkeit zwischen Fisch und Schütze enger zu knüpfen? Mit einer positiven Note natürlich. Wenn man über ihre herrschenden Planeten, Neptun (Fische) und Jupiter (Schütze) nachdenkt, so stellt man fest, daß diese beiden einige gute Eigenschaften besitzen, die sie verbinden. (Jupiter war nämlich der Geburtsherrscher der Fische, als Neptun noch nicht entdeckt war.) Egal, ob sich diese 4:10-Kombination aus Kindern oder Erwachsenen zusammensetzt, ob sie aus zwei Männern, zwei Frauen oder jeweils einem Vertreter der beiden Geschlechter besteht, ganz gleich, wo Fisch und Schütze sich um Harmonie bemühen, am Arbeitsplatz oder in den eigenen vier Wänden, sie können sich viel Kummer und Ärger ersparen, wenn sie ganz einfach beschließen, sich auf jene guten Eigenschaften zu konzentrieren, mit denen jeder von ihnen gesegnet ist und die der andere offen respektieren und bewundern kann. Der typische Fisch zum Beispiel könnte den leuchtenden Schütze-Idealismus respektieren und bewundern. Das Neptun-Mitgefühl des Fisches sollte von diesem Schütze-Merkmal tief beeindruckt sein, das so viele Jupiter-Sünden in sich birgt.

Ein weiterer positiver Faktor zwischen Schütze und Fisch ist ihre gemeinsame Faszination von dem, was nicht besonders präzise als »Religion« bezeichnet wird. Man muß jedoch zugeben, daß jene Fische und Schützen, die sehr religiös sind (aber auch die Atheisten), nie ihren Humor verlieren.

Ähnlich wie die häufig die Fronten klärende (aber manchmal auch grobe und überflüssige) Schütze-Gewohnheit, Freunden und Fremden die unbequeme Wahrheit gleich einem Kinnhaken ins Gesicht zu schlagen, die Fische verletzt und verärgert, ebenso verletzt und ärgert den Schützen die Angewohnheit des Fisches, die Wahrheit ein bißchen zu verdrehen, weshalb der Schütze den Fisch oft zornig einen gemeinen Lügner schimpft.

Das ist jedoch nicht fair, lieber Schütze. Fische-Menschen lügen nicht, sie umgehen nur dann und wann die Wahrheit. Für Fische gibt es nur zwei Gründe, die Wahrheit zu umgehen. Sie machen einen Bogen um eine deutliche Antwort oder Darstellung, weil diese entweder etwas sehr Persönliches über ihr eigenes Privatleben beinhaltet, und dann ist es ja auch nicht Ihre Angelegnheit oder die von irgend jemandem sonst (geben Sie das zu?) oder, eine deutliche Antwort könnte in ihrer von Mitgefühl bestimmten Meinung für eine andere Person schmerzlich sein und würde deshalb keinem guten Zweck dienen – und in diesem Fall müssen Sie dies als eine moralische Grundeinstellung anerkennen, die weniger zerstörerisch ist als Ihre eigene. Ihre Jupiter-Moral ist von der Ehrlichkeit bestimmt, wie groß der angerichtete Schaden auch sein mag. Die Neptun-Moral äußert sich in ihrem ausweichenden Wesen, deren Bestreben es ist, emotionelle Konflikte zu vermeiden (für sich selbst und für andere), wann immer es möglich ist. Und Moral ist Moral, egal in welcher Form sie auftritt. Stimmt's?

Der Fisch sollte versuchen, etwas verständnisvoller zu sein, was den *Zweck* jener schmerzlichen Wahrheiten angeht, die der Schütze ihm entgegenschleudert. Er sollte endlich begreifen, daß diese nur Beweise seiner Rechtschaffenheit sind – seines unbezähmbaren Verlangens, die Wahrheit zu suchen und auszusprechen. Da an jedem Menschenwort und jeder Menschentat das entscheidende das Motiv ist, müßte er doch auch sehen, daß die Absicht des Schützen zumindest ehrenhaft ist.

Die Schützen traben frei und unbekümmert den Weg des Lebens entlang, völlig unabhängig und Selbstmitleid verachtend. Sie vernachlässigen jedoch häufig ihre Pflichten und ihre Verantwortlichkeit, wenn diese ihrer aufregenden Suche nach sich selbst oder den Zielen ihrer Reiselust im Wege stehen – und das stößt auf Mißbilligung seitens des Fisches, der nicht begreift, wie man seine eigenen Wünsche derart vor den pflichtbewußten Dienst am Mitmenschen stellen kann, der dessen bedarf. Die freundlichen, sanften Fische sind nur schwer aus der Fassung zu bringen, wenn sie ruhig und gelassen um alle Hindernisse herumschwimmen und unauffällig und bescheiden ihre Route gegen den Strom finden, und sie werden kaum versuchen, den Kontakten mit Leuten zu entgehen, die ihres mitfühlend lauschenden Ohres (oder ihres Geldes) bedürfen, selbst wenn es einen Umweg oder einen Aufschub ihrer langfristigen Pläne bedeutet. Sie sind zum Verzweifeln unstet, folgen erst gleichzeitig einem halben Dutzend von Träumen, weigern sich, konkret nur einen einzigen zu verfolgen – beschließen dann, sich eine Weile lang auszuruhen, lassen gute Gelegenheiten ungenutzt, zucken nicht einmal mit der Schulter – und bringen den Schützen auf die Palme.

Fische-Frau – Schütze-Mann

Es gibt gesprächige Fische-Frauen, doch die meisten sind still und regen nur selten ein Gespräch an (obwohl, *wenn* ein anderer es anregt, sie gewöhnlich nicht um Worte verlegen sind, wie schüchtern sie am Anfang auch erscheinen mögen). Das A und das O ist, daß sie nicht nur interessante und gewandte Gesprächspartnerinnen sind, sondern obendrein gute Zuhörerinnen – und das gilt für beide Arten von Fische-Frauen. Ich meine *wirklich* gute Zuhörerinnen. Das trifft sich gut, denn der Schütze-Mann liebt nichts mehr, als mit jemandem zu reden, der seinen Worten mit gespannter Aufmerksamkeit lauscht – ganz ähnlich wie Löwe- und Widder-Mann, und Sie wissen ja, wie sehr diese beiden eine aufmerksame Zuhörerschaft schätzen. Dieser kleine Vergleich sollte Ihnen lediglich vor Augen führen, was für eine starke Anziehungskraft diese Frau auf den Schützen ausübt. Natürlich bleibt es nicht aus, daß er, wenn sie ihm so aufmerksam zuhört, sich gezwungen sieht, hier und da eine wahrheitsträchtige Bemerkung vom Stapel zu lassen. Sollte diese Wahrheit zu schmerzlich sein, könnte sie aufhören, ihm zu lauschen. Fische-Frauen sind ungewöhnlich verletzlich und gehen der unverblümten Wahrheit nicht mit demselben Energieaufwand nach wie der Schütze. Er wird ihre Aufmerksamkeit verlieren und bereuen, so tolpatschig ins Fettnäpfchen getreten zu sein. Ein kleiner Warnschuß von Zeit zu Zeit kann nicht schaden.

Nur wenige Menschen sind sich im klaren darüber, daß Zuhören eine wahrhafte Kunst ist, die man nur schwer erlernen kann, weil die meisten dieser Künstler geborene und nicht angelernte Zuhörer sind. Dieses Talent setzt nämlich eine ungewöhnlich mitfühlende und selbstlose Natur voraus, weil ein guter Zuhörer an Menschen und Ereignissen wirklich und ehrlich interessiert ist und nicht nur schweigend verharrt, um eine Gelegenheit abzuwarten, den Sprechenden zu unterbrechen. Durch den Neptun-Einfluß ist die Fische-Frau in der Lage, sich in die verbal beschriebene Situation hineinzuversetzen und von ihr fasziniert zu werden, so als würde sie selbst ihren Part darin spielen. Sie macht das Gehörte zu ihrer eigenen Erfahrung, verschmilzt mit ihm, nimmt daran teil, und der Schütze erkennt an ihren Augen, ihrem Gesichtsausdruck, an ihrem ganzen Gebaren, daß sie sich nicht verstellt, nur um höflich zu sein. Nein, was er sagt, berührt dieses Frauenherz wirklich. Es gibt kein für die Seele befriedigenderes Gefühl auf der Welt, als sich der Aufmerksamkeit eines Menschen sicher sein zu können, der wirklich Anteil nimmt.

Wenn er per Zufall zu dem seltenen Schütze-Typ zählt, der oft ruhig ist, dann wird sie einen ausgesprochen guten Einfluß auf ihn haben – obgleich dieser Mann und diese Frau viele Spannungen, Toleranz- und Geduldsprüfungen zu bestehen haben, die die spannungsreiche 4:10-Kombination in ihrer Beziehung hervorruft. Wir dürfen nicht vergessen, daß dieser Schütze-Typ nicht *ständig* still ist (kein Schütze ist dazu in der Lage), aber wenn er zu den weniger gesprächigen Typen zählt – was bedeutet, daß er seltener spricht, wenn er es jedoch tut, dann recht ausführlich –, kann niemand seine Gedanken besser lesen als eine Fische-Frau. Sie redet ihm so gekonnt und erfolgreich zu, sich zu artikulieren, daß er sich fragen mag, warum sie kein Psychiater geworden ist. Manche Fische wählen tatsächlich die Psychiatrie als Beruf, aber die Mehrzahl von ihnen tut es nicht. Das liegt daran, daß der typische Fisch nur höchst ungern in den Geheimnissen anderer herumstöbert. Die meisten Fische sehen es ebenso ungern, wenn andere in *ihrer* eigenen Privatsphäre herumforschen. Und da Fische die natürliche Neigung besitzen, sich in die Lage anderer zu versetzen, tun sie auch anderen so ungern Dinge an, von denen sie hoffen, daß man sie ihnen nicht antut.

Und trotzdem wird die Fische-Frau schon am Anfang (und zwar ohne bewußten Energieaufwand) mehr über den Schütze-Mann erfahren, als er ahnt. Diese Frau ist unwahrscheinlich feinfühlig. Sie entdeckt Dinge an ihm, von denen seiner Meinung nach niemand weiß, und die sie gar nicht bewußt sucht. Es erweckt bei ihm auch kein Unbehagen, weil ihr Talent, in Gefühle und Absichten einzudringen, in der Regel so kunstvoll ausgeübt wird, niemals grob oder offenkundig, so daß niemand ahnt, daß es überhaupt passiert (manchmal sogar die Fische-Frau selbst nicht). Würde man ihr nämlich die Wahrheit sagen, dann verlöre sie auf der Stelle diese Fähigkeit. Für sie ist es eine unwillkommene Gabe. Es verwirrt sie, so viele Dinge bei anderen Menschen zu spüren. Sie besitzt genügend eigene Ängste – auch ohne dieses quälende Bewußtsein der Unfähigkeit, verhindern zu können, daß all die Assoziationen anderer ihr Bewußtsein durchdringen. Doch anscheinend hat sie das Schicksal dazu verdammt, ständig in die Probleme anderer verwickelt zu werden. Es ist ihr Schicksal, und man kann nicht leugnen, daß sie es mit Würde trägt, ohne sich besonders zu beklagen. Die sanfte Kunst, sich dem Unabänderlichen zu beugen, ist einer ihrer beneidenswertesten Charakterzüge.

Nicht, daß es den Schützen stört, zu wissen, daß sie seine verborgenen Gedanken kennt. Er ist nicht der Mann, der sich viel aus Verschwiegenheit macht. Die meisten Schütze-Männer kennen keine Heimlichtuerei (es sei denn, sie haben einen Skorpion-, Fische- oder Krebs-Aszendenten). Der typische Schütze wird einem freimütig alles beichten, was man von ihm hören will – und mehr, als die Fische-Frau unbedingt wissen möchte.

Auf sexuellem Gebiet wird der doppelt männlich beeinflußte Schütze die doppelt weiblich beeinflußte Fische-Frau verführerisch verlockend finden. Sobald jedoch der anfängliche Zustand der Euphorie vorüber ist, könnte der Schütze seiner Fische-Frau vorwerfen, seinen Avancen zu kühl zu begegnen, nicht enthusiastisch und spontan genug zu sein, um der Glut seiner eigenen Leidenschaft gerecht zu werden. Vielleicht steckt in dieser Analyse mehr als nur *ein* Körnchen Jupiter-Wahrheit. Wenn Mond oder Aszendent der Fische-Frau bei ihrer Geburt nicht in einem der drei Feuerzeichen standen, dann ist sie sexuell tatsächlich emotional »kühler« und gleichgültiger, als er es je sein könnte – selbst wenn er es versucht (was er bestimmt nicht tun wird). Das bedeutet, daß es ihrer Verantwortung obliegt, den mühevollen Versuch zu unternehmen (aber ist das nicht immer bei Fischen der Fall?). Sie ist diejenige, die den bewußten Schritt machen muß, seinem plötzlichen Verlangen mit derselben sichtbar demonstrierten Tiefe der Leidenschaft zu begegnen. Er wird ihre zarten Annäherungsversuche sehr genießen – aber dennoch durch ihre zeitweilige Kühle getroffen sein. Das Problem scheint klar zu sein. Und wenn es erst einmal analysiert und deutlich herausgestellt wurde, dann sollte Neptun ihr bei seiner Lösung mit Rat zur Seite stehen. Und *er* sollte verhindern, daß sie denkt, sein Verlangen nach ihr sei übermäßig auf den physischen Aspekt der Liebe konzentriert.

Die Fische-Frau braucht viel Zuneigung und Zärtlichkeit

von dem Mann, den sie liebt. Sie erblüht unter seinen imaginären oder kreativen Interessen, die eine wahrhafte Zauberkraft über sie ausüben.

Natürlich kann auch genau das Umgekehrte passieren, nämlich dann, wenn sie eine atypische Fische-Frau ist. In diesem Fall wird ihre starke Wasserzeichen-Natur seinen angeborenen Jupiter-Optimismus völlig unterdrücken – ein trauriges Schicksal für ein Feuer-Wasserzeichen-Liebespaar oder -Ehepaar, das nicht genügend Kraft aufbringt, um die Probleme seiner unterschiedlichen Lebensanschauungen, Überzeugungen und Motivationen zu bewältigen.

In solch einer Situation gibt es nur zwei Alternativen: einer von ihnen (vielleicht auch beide) kommt zu dem Schluß, daß dieser »Fremde« nicht der Mensch ist, den er gern näher kennenlernen möchte – und sie trennen sich als nette Bekannte. Oder sie wählen die andere Haltung: beide kommen zu dem Ergebnis, daß es sich um eine interessante Person handelt, die man gern näher kennenlernen möchte – und so schließen sie von neuem Freundschaft, wobei jeder beim zweiten Versuch klug genug ist, zu wissen, daß zwei Menschen nicht gleich sein und in allem übereinstimmen müssen, um glücklich zu sein – solange jeder den Standpunkt des anderen respektiert.

Fische-Mann – Schütze-Frau

Es wird gelegentlich vorkommen, daß sich die verdutzte Schütze-Frau fragt, ob sie sich in einen Zwillinge- und nicht in einen Fische-Mann verliebt hat. Dieser Zweifel ist absolut berechtigt. Fische und Zwillinge sind beides Sonnenzeichen der Dualität, und hinsichtlich ihres Talentes, Träume und Ziele auf halber Strecke zu ändern, sind sich Fisch und Zwilling verblüffend ähnlich (ihre Gegensätze liegen woanders). Aber sie wurde ebenfalls unter dem Einfluß eines dualen Sonnenzeichens geboren, denn der Schütze ist ja ein Zentaur – halb Pferd, halb Mensch. Welches Recht nimmt sie sich also heraus, seine Unbeständigkeit fragwürdig zu finden? Sie ist eine Schütze-Frau, und Schützen können eben einmal nicht umhin, alles und jeden in Frage zu stellen. Der Fische-Mann wird ihr Spielraum genug lassen, ihre JupiterNeigung auszutoben.

Es gibt natürlich auch Fische-Männer, deren Karriere über Jahre hinweg relativ gradlinig bleibt, aber sie sind definitiv in der Minderzahl. Die meisten Fische sind von der reichlichen Auswahl und den unzähligen Möglichkeiten, die das Leben bietet, glattweg fasziniert. Und manchmal sind die Wandlungen, die sie durchmachen, einfach verblüffend.

Eine Schütze-Frau, die sich in einen Fisch verliebt, muß jederzeit auf alle Arten von Überraschungen gefaßt sein. Anfangs wird es ihr gar nicht so viel ausmachen. Sie mag es sogar aufregend finden, besonders wenn die ständig wechselnden Aktivitäten ihres Fisches mit vielen Reisen verbunden sind. Sie wurde mit einem unheilbaren Reisefieber infiziert, als sie ungefähr vierzehn Jahre alt war, das Alter, mit dem der typische Schütze, gleich welchen Geschlechts, das Elternhaus verläßt (bei manchen bricht der Nestfluchttrieb noch eher durch, so mit zehn oder elf). Am Anfang wird sie also freudig ihre Koffer packen, ihn voller Optimismus bei seinen Eskapaden begleiten und erstaunt lächeln, wenn er seine Zahnarztpraxis aufgibt, um Computer-Programmierer zu werden. Am Anfang schon.

Später – nun, später könnte sie zum Beispiel mit dem rechten Fuß aufstampfen, und zwar ganz energisch. Oder sie blickt ihn zornig an und sagt etwas Taktvolles wie: »Schau, mein Lieber, ich hab' die Nase gestrichen voll, jahraus-jahrein dein Herumzigeunern mitzumachen. Du hast inzwischen schon so oft deinen Beruf gewechselt, daß ich gar nicht mehr weiß, ob du nun in die Politik gehen, ein japanisches Teehaus eröffnen oder eine Champignonzucht aufmachen willst. Entweder du fängst augenblicklich ein geregeltes Leben an und läßt dich irgendwo nieder, oder ich erkundige mich, wie teuer ich so ein seltenes Exemplar wie dich an einen Zoo verscheuern kann.«

Nach ein paar Wortsalven dieser Art wird der sensible Fisch sich verschreckt flüchten. Sollte sie ihn wiedersehen, dann vielleicht auf einem Foto in einer Zeitung, wenn er zum Beispiel gerade in den Bundestag gewählt wurde – in neuer weiblicher Begleitung, als versteckter Hinweis darauf, daß er seine Scheidung eingereicht hat.

Natürlich hat nicht jede Schütze-Frau eine so brutale Offenheit an sich. Manche weibliche Schützen sind sanftere, stillere, weitaus weniger ausdrucksstarke Typen, doch auch sie können gelegentlich unerwartet direkt sein und würden den »Großen Preis für Takt« wohl nie gewinnen. Die Sache ist nämlich die – die Schütze-Frau, die einen Fische-Mann auf ihre impulsive und warme Art liebt, muß sich etwas in acht nehmen, denn sonst könnte sie achtlos und ungewollt seinen Geist oder sein Herz brechen und seine seltene Art von Zuneigung und Ergebenheit verlieren. Und er sollte kein so dünnes Fell haben und nicht gleich in Tränen ausbrechen, wenn seine Herzensdame die Wahrheit ausspricht. Sie kann nichts für ihre Ehrlichkeits-Manie und meint es auch fast immer gut. Er muß ihr einfach zärtlich erklären, wie schmerzhaft ihre spitzen Bemerkungen sind. Ihre Jupiter-Gefühle werden dann aufgewühlt und veranlassen sie sicherlich dazu, Reue zu empfinden, sich zu entschuldigen – und den Versuch zu unternehmen, in Zukunft zu denken, bevor sie spricht.

Das erste, was diese wohlgemute, heitere Schütze-Frau versuchen wird, wenn sie eine Ehe mit ihm in Betracht zieht, ist herauszubekommen, welcher Art von Fisch er angehört, denn es gibt zwei Fischarten, die in diesem dualen Sonnenzeichen geboren werden. Es gibt jene, die flußaufwärts dem Erfolg und der persönlichen Erfüllung entgegenschwimmen, und jene, die stromabwärts auf ihren Schiffbruch zutreiben, ihre Träume von den Wellen des Mißerfolges verschlingen lassen – und als Strandläufer stranden.

Dieser zweite Fische-Typ ist es, der ihr Vertrauen und ihren Mut braucht, und ich möchte ihr deshalb nicht unbedingt raten, ihn zu meiden. Denn was könnte schöner sein als ein Jupiter-Wunder, durch das eine verlorene Seele vor der Verzweiflung gerettet wird. Ich wollte nur andeuten, daß sie sich gleich zu Anfang klar werden sollte, mit welchem Typ von Fisch sie es zu tun hat.

Weil dies eine 4:10-Sonnenzeichen-Kombination ist, müssen Schütze-Frau und Fische-Mann auf eine gewisse Spannung gefaßt sein, die aus der gelegentlichen Kollision ihrer verschiedenartigen Persönlichkeiten entsteht. Seine Neigung zum

Selbstmitleid und ihre Neigung zur Halsstarrigkeit tragen offensichtlich nicht dazu bei, die Probleme zu lösen, sondern vertiefen sie eher noch. Man kann jedoch davon ausgehen, daß nicht Eifersucht und besitzgieriges Verhalten das Hauptmotiv für die Disharmonie zwischen Fisch und Schütze sind, da keiner von beiden von Natur aus übermäßig besitzergreifend ist und beide ihre Freiheit viel zu sehr schätzen, um sie dem anderen zu verwehren (es sei denn, ein Aszendent oder Mondzeichen macht in diesem Bereich Ärger). Gewöhnlich gestatten die beiden einander viel Spielraum in ihrer Zweisamkeit. Es gibt jedoch einige Schütze-Frauen, die, werden sie zu offen und zu oft provoziert, einen Hauch von Eifersucht an den Tag legen, und das meistens nicht zu unrecht. Und wenn sie es sind, dann wird sich ihrer beider Gemütszustand in Windeseile erhitzen. Doch besitzgierig ist der Schütze nicht.

Da der Fisch ein weibliches Zeichen ist und auch von einem weiblichen Planeten, nämlich Neptun, regiert wird, sollte der Fische-Mann, was die physische Harmonie mit der Schütze-Frau angeht, einen bewußten Versuch unternehmen, weniger passiv und gleichgültig, sondern aktiver und begeisterungsfähiger zu sein. Dann kann er zum zärtlichen und intuitiven Liebhaber für diese Frau werden. Da der Schütze ein männliches Zeichen ist und auch von einem männlichen Planeten, nämlich Jupiter, regiert wird, muß sie mit seinen Gefühlen vorsichtiger umgehen, weniger impulsiv und unverblümt ihre Meinung kundtun. Sonst werden ihre feurigen Gefühle sein Selbstvertrauen in seine Fähigkeit zerstören, ihre geheimsten Wünsche erfüllen zu können. Doch derselbe maskulin-positive Einfluß birgt auch die Macht, sein Verlangen zu verstärken und seine latente Leidenschaft zu wecken. Häufige emotionelle Konflikte und Spannungen stimulieren sie vielleicht, lassen seine Begierde jedoch abkühlen, ebenso wie sein Mangel an Begeisterung oder seine Gleichgültigkeit ihre Gefühle abschwächen.

Es gibt viele und enge Bande der Zärtlichkeit und Sympathie zwischen den beiden Planeten Jupiter und Neptun. Bevor Neptun »entdeckt« wurde, war Jupiter der astrologische (und astronomische) Herrscher über die Zeichen Fische und Schütze. Dieses stille Einverständnis ihrer Geburtsherrscher bindet die

Schütze-Frau und den Fische-Mann stärker aneinander, als sie ahnen. Sie sind beide mitfühlend und idealistisch. Beide sind tolerant und für gewöhnlich nicht leicht zu schockieren. Aber es gibt auch Anlässe, bei denen der Einfluß des gigantischen Jupiter und des nicht greifbaren Neptun kollidieren. Das Jupiter-Wesen verabscheut jede Spur der dem Neptun eigenen Geheimniskrämerei, Doppelsinnigkeit oder Täuschung, wo hingegen das Neptun-Wesen durch die Jupiter-Offenheit, die größere Wunden zufügt, als sie heilt, irritiert ist, und von übermäßigen Gefühlsaufwallungen abgestoßen wird.

Die Fische-Steinbock Beziehung

In der stillen Gegenwart des Steinbocks fühlt sich der Fisch oft geborgen und behaglich wie ein kleines Kind, das von seiner Mutter in den Schlaf gewiegt wird. Weil sie von dem verwirrenden, nicht greifbaren Planeten Neptun regiert werden, empfinden Fische die solide Stabilität Saturns so beruhigend, und deshalb *fühlen* sie sich wie kleine Kinder.

Umgekehrt empfindet der Steinbock in der heiteren Gegenwart des Fisches oft ein beschwingtes, schwebendes Gefühl. Weil sie von dem unerbittlichen, Selbstdisziplin fordernden Planeten Saturn beherrscht werden, sind die Steinböcke von der verträumten, entspannten Lockerheit Neptuns so fasziniert und erfüllt von seinem Versprechen der Freiheit.

Alle Fische- und Steinbock-Menschen sollten ein Weilchen über die beiden vorangegangenen Absätze nachsinnen, bis sie nachhaltig von all den guten Dingen beeindruckt sind, die sie aus ihrer Beziehung schöpfen können, und den unschätzbaren Wert der nicht faßbaren, aber kostbaren Gaben ermessen, die sie Tag für Tag austauschen können.

Weil sie sich aus einem Erd- und einem Wasserzeichen zusammensetzt, ist in dieser 3:11-Sonnenzeichen-Partnerschaft oft so ein wunderbar heiterer Zauber der Sympathie zu spüren. Ihre Verbindung bewirkt, daß die Erdzeichen-Natur des Steinbocks sehr stark bereichert wird und daß die Wasserzeichen-Natur der Fische einen sicheren Ort findet, an dem sie Schutz suchen kann.

Steinböcke fühlen sich sicherer mit einem Fisch als mit den

anderen Sonnenzeichen. Umgekehrt fühlt sich der Fisch beim Steinbock geborgener als bei den anderen Sonnenzeichen, außer dem Stier, vor schweren Schicksalsschlägen – was die harten Seiten des Lebens angeht – und mutiger, wenn er sich gegen den introvertierten Neptun-Einfluß auflehnt. In vielen Dingen sind Steinbock und Fisch deshalb wie für einander geschaffen. Wenn ihre Mondzeichen oder Aszendenten einen negativen Einfluß ausüben, kann es sein, daß sie sich gelegentlich in die Wolle kriegen. Ansonsten werden die beiden einträchtig und glücklich miteinander leben.

Da Fische und Steinbock in vielen wichtigen Dingen ähnlich empfinden, haben sie, relativ gesehen, viel seltener Meinungsverschiedenheiten als Zeiten reibungsloser, fast müheloser Zusammenarbeit und Kompromißbereitschaft. Wenn sie zum Beispiel in eine Diskussion über kontroverse Themen wie Astrologie oder Religion verstrickt sind, dann werden sie es kaum verhindern können, grundsätzlich aneinander zu geraten, da der Steinbock so auf Tradition und Autorität pocht – das Abstrakte suspekt findet – und instinktiv weniger mitfühlend und scharfsichtig ist als der Fisch. In diesem Fall ist es gewöhnlich der Fisch, der die falsche Denkweise des Steinbocks vorsichtig in andere Bahnen lenkt – obwohl wiederum bei anderen Themen der Steinbock derjenige ist, der die Ansicht des Fisches entschieden in seine Richtung beeinflußt.

Es läßt sich nicht leugnen, daß Fische beiderlei Geschlechts und jeden Alters dazu neigen, oft zu lange zu zaudern und gelegentlich zu flexibel zu sein. Diese Haltung muß den typischen Steinbock stören, der fast nie zaudert, weder bei wichtigen noch bei unwichtigen Dingen, und der häufig zu wenig flexibel ist. Für einen Außenstehenden ist es leicht zu sehen, wie sehr die beiden voneinander profitieren würden, wenn sich jeder einen Teil der Natur des anderen aneignen würde, doch für Fisch und Steinbock ist das nicht so leicht einzusehen.

Es besteht immer die Möglichkeit, daß der stärkere Steinbock den Fische-Menschen so beherrscht und dominiert, daß dieser nur noch ein Schatten des Steinbocks ist und heimlich unter dem beängstigenden Verlust seiner Identität leidet. Ein verängstigter Fisch kann sich Betrug, Drogen und Alkohol zuwenden oder einfach entschwinden, ganz still, ohne vorherige Warnung, weil er sich am Ende, so oder so, aus dem Gefängnis des Geistes befreien wird. Das ist unvermeidlich. Und keiner der möglichen Fluchtwege ist angenehm oder wünschenswert.

Doch das ist ein Extremfall unheilvoller Neptun-Saturn-Verbindungen, der nur eintritt, wenn andere Planetenaspekte zwischen ihren Geburtshoroskopen negativ sind. Weitaus häufiger kommt es vor, daß Fisch und Steinbock dicke Freunde werden (besonders wenn ihre Planeten harmonieren), egal ob sie Klassenkameraden, Liebende, Nachbarn, Kollegen oder Verwandte sind. Sie sind in vielen Dingen eher ähnlich als unähnlich, und selbst die Dinge, in denen sie sich nicht ähnlich sind, gleichen sich oft auf so nette Weise aus. Normalerweise gefällt ihnen dieselbe Musik, und sie lachen über dieselben Witze.

Fische-Frau – Steinbock-Mann

Die meisten Steinböcke sind fast übertrieben ehrgeizig. Sie sind den Weg zur Spitze mit eiserner Entschlossenheit hinaufgeklettert und beabsichtigen, so oder so, dort zu bleiben. Und noch etwas darf eine Fische-Frau, die einen Steinbock liebt, nicht vergessen: Er ist fest davon überzeugt, daß seine Frau ins Heim, an den Herd gehört; sie hat sich liebevoll um die Bedürfnisse ihrer Familie zu kümmern – eine Karrierefrau ist das letzte, was ein Steinbock ertragen kann.

Natürlich haben nicht alle Steinböcke solche Ansichten, was die Aufgaben ihrer Frauen angeht. Deshalb ist es also wirklich nicht ganz fair zu behaupten, alle Steinbock-Männer würden ihren Frauen verbieten, arbeiten zu gehen.

Es *ist* jedoch fair zu behaupten, daß fast jeder Steinbock-Mann, der seiner Frau aus einer finanziellen Notsituation heraus gestattet zu arbeiten, dies nur widerwillig tut, weil er die Zeit herbeisehnt, in der die Umstände es nicht mehr verlangen, daß die Frau, die er liebt, außer Haus arbeitet. Wie bei allem gibt es natürlich auch hier Ausnahmen, doch nur wenige Steinböcke sind bei dem Gedanken an die Berufstätigkeit ihrer Frauen entzückt.

Die Fische-Frau ist tolerant und sensibel genug, um zu verstehen, daß die Instinkte, die seine Unbeugsamkeit bewirken, gleichzeitig auch die Tugenden in ihm erwecken, die sie so anziehen. Denn aus derselben Quelle entspringt seine Ritterlichkeit und Verläßlichkeit, seine Zärtlichkeit – und seine unerschütterliche Treue und Ergebenheit all denen gegenüber, die er liebt. Seine Anfälle von Depressionen und eisernem Schweigen verwirren sie weniger, als es bei anderen Frauen der Fall ist, im Gegenteil, sie vertiefen ihre Liebe nur noch, weil sie ständig aufgerufen ist, Mittel und Wege zu finden, um ihm mit ihrer sanften Art – der taktvollen Ergebenheit in seine Saturn-Natur und der offensichtlichen Anerkennung seiner Tugenden – ein Lächeln zu entlocken und ihm in der Düsterkeit seiner Melancholie ein wenig Licht zu spenden.

Die Fische-Liebe ist von der Gnade und der tiefen Weisheit des Allesverstehenden bestimmt. Nach und nach wird sie ihn ändern, bis er erkennt und weiß, daß er die strengen Regeln, die er für sich (und manchmal für andere) aufstellt, lockern kann, und daß ihn niemand deswegen kritisieren wird. Bis dahin wird der Zeitpunkt gekommen sein, an dem der Steinbock mit zunehmendem Alter freier wird und die selbstauferlegte Selbstdisziplin ablegt und sein Herz und seine Seele sich den verschiedenen Möglichkeiten der Freiheit – des Geistes und seines persönlichen Verhaltens – zu eröffnen beginnen.

Wie bei allen Verbindungen von Erd- und Wasserzeichen kann die körperliche Liebe zwischen Fische-Frau und Steinbock-Mann eine tiefe und bereichernde Erfahrung für beide sein. Das plötzliche Gefühl des Glücks, das den Steinbock nach dem Liebesakt überkommt, spiegelt sich in seiner Gelockertheit und dem Funkeln in seinen Augen wider, so als hätte er gerade Unschuld und Lust entdeckt – befreit von Sorge und Schuld. Und sie ist auch glücklich, weil das persönliche Glück der Fische-Frau immer von dem Maß an Glück abhängt, das sie anderen zu geben in der Lage ist. Schweigen ist fast immer der Anfang des Liebesspiels zwischen Fisch und Steinbock – ein Schweigen, das sich aus Verständnis und Gefühlstiefe zusammensetzt, die man unmöglich in Worten ausdrücken kann.

Steht ein ungünstiger Aspekt zwischen den Sonnen, Monden

und Aszendenten ihrer Geburtshoroskope, dann wird ihre sexuelle Beziehung weniger harmonisch sein, und ihre »Ruhe« und »Stille« könnte sich gelegentlich in Kühle und gelangweilte Gleichgültigkeit umkehren. Wenn das der Fall ist, dann hat er sein physisches Verlangen über ihre eher romantischen Bedürfnisse gestellt – oder sie hat sich geweigert, seiner erdverbundeneren Leidenschaft mit genügend Intensität zu begegnen. Doch wenn sie es versuchen, dann können diese beiden, von der 3:11-Kombination der Freundschaft beeinflußten Liebenden alles noch einmal besprechen, was dazu führen wird, daß sie in Zukunft mehr Verständnis für die Bedürfnisse des anderen aufbringen werden. Ehrlich diskutieren über das, was der Partner zur Erfüllung der Liebe sucht und braucht, kann Probleme auf überraschend mühelose Weise aus dem Weg räumen.

Das häufigste Spannungsfeld bei Fische- und Steinbock-Liebenden oder -Ehepartnern ist ihre Neigung, zu gefühlvoll, und seine Neigung, gefühllos zu sein. Sie könnte ihn zu kühl und zu wenig mitfühlend finden, während er sie zu ausweichend, verschlossen und verwundbar finden könnte – was ihn nervös macht und verunsichert, weil er Angst hat, ihre Gefühle zu verletzen. Sie müssen diese Konflikte lösen, sobald sie sich zeigen, und dürfen nicht warten, bis sie sich zu einer Barriere zwischen ihnen aufgebaut haben, die sie nach und nach immer mehr von einer offenen Aussprache abschreckt.

Der Steinbock, der seine Fische-Frau liebt, kann sehr leicht durch ihre sanfte Fraulichkeit irregeführt werden. Doch es gibt noch andere Dinge, die er von seiner Erwählten wissen sollte. Zum einen ist sie in einem Wasserzeichen geboren, was bedeutet, daß sie in der Lage ist, seine Entschlossenheit zu untergraben – nicht durch heftige, emotionelle Forderungen, sondern durch den unsichtbaren Druck beständiger und beharrlicher Überzeugungskraft und subtiler Anspielungen. Wasser ist das zäheste aller Elemente, und zwar ganz einfach wegen seiner Passivität, die am Ende jede Form von Widerstand zunichte macht. Sie kann auch launisch und gereizt sein, jedoch selten oder nie aggressiv. Er wird es nicht leichthaben, ihr eine direkte Antwort zu entlocken, wenn er wissen will, was sie wirklich denkt und fühlt. Es wird Augenblicke geben, in denen er das

Gefühl hat, daß sie seinen Fragen – oder ihm – aus dem Wege zu gehen versucht. Ebenso, wie es Augenblicke gibt, in denen sie das Gefühl hat, daß er zu besitzergreifend ist und ihr nicht genügend Freiheiten läßt.

Fische-Mann – Steinbock-Frau

Der typische Fische-Mann kreuzt ziellos durchs Leben, nimmt wenig oder gar nichts ernst, sich selbst eingeschlossen – und am wenigsten Gebräuche und Traditionen.

Steinböcke dagegen *sind* konventionell. Konventioneller geht es gar nicht. Die Steinbock-Frau ist das Sinnbild für »Korrektheit« und »vornehme Lebensart«. Alles, was diese Frau tut, ist formell und formalisert.

Eine Steinbock-Frau ist erstaunlich trittsicher, wenn sie eine Leiter hochsteigt. Keine Sprossenleiter – sondern die Leiter zu Erfolg und Anerkennung, die ihr ein Gefühl von Selbstachtung verleihen. Wenn sie keine Erfolge in der Öffentlichkeit erlangt, so wird es doch zumindest ihr hartnäckig verfolgtes Ziel sein, Respekt und Anerkennung bei ihren Freunden, Nachbarn und Verwandten zu finden. Besonders ihrer Verwandten. Sicherlich hat sie nicht viele Freunde, und die kennt sie noch von der Volksschule her. Was die Nachbarn angeht, sie lebt ja auf dem Land, wo man nicht so dicht aufeinanderhockt, und wenn sie in der Stadt wohnt, nun – Großstadt-Höhlenbewohner sind nicht besonders gesellig. Deshalb möchte sie auf ihre ruhige Art bei ihrer eigenen Familie Anerkennung finden, es sei denn, sie gehört zu dem Steinbock-Typ, der größeren Ruhm anstrebt. Die Steinbock-Frau wird immer zu den Besten gehören, egal wie groß oder klein der Kreis ist, in dem sie sich bewegt. Sie wird die meisten Produkte einer bestimmten Marke in ihrem Bezirk verkaufen, das sauberste Haus in der Straße besitzen – oder sich als beste Köchin bei allen Familienfeiern erweisen. Status ist Status, egal welcher Art.

Falls sie nicht schon als kleines Kind Waise wurde, wird sie sehr an ihrer Familie hängen. Ist sie ein Waisenkind, dann wird sie ihre unerfüllte Liebe zu ihren Eltern auf ihre eigene Familie, ihre Kinder und Enkel, verschwenden. Es ist eine große Tugend, einer ihrer bewundernswertesten Charakterzüge. Doch der Fisch sollte sich darüber im klaren sein, daß er immer den zweiten Platz hinter ihrer Familie einnehmen wird, nicht was Liebe oder Zuneigung angeht, sondern in puncto Anteilnahme und Aufmerksamkeit.

Und der Fisch wird sich sogar meist zufrieden dieser Situation anpassen. Wenn sein Geburtshoroskop nicht ungünstige Planeteneinflüsse in Zwillinge, Wassermann oder Schütze aufweist, dann wird er sie um ihrer Familientreue willen noch um so mehr lieben. Das beweist nämlich, daß sie zuverlässig und vertrauenswürdig ist, zwei Wörter, die eine große Anziehungskraft auf sein Neptun-Unterbewußtsein haben, wenn er sich auch oft dagegen wehrt. Er ist entspannter und weniger ziellos, wenn er in einer Beziehung ein Gefühl von emotioneller Sicherheit verspürt. Familie, das bedeutet Stabilität. Doch wie groß sein Bedürfnis nach Stabilität auch ist, das Familien-Zusammengehörigkeitsgefühl könnte zu einem Problem werden, wenn es auf die Spitze getrieben wird. Alle Fische sind sehr eigen, was ihr Privatleben – und ihre Freiheit – angeht. *Gedanken-*, *Handlungs-* und *Bewegungs*freiheit. Jede Art von Einengung (geistiger, gefühlsmäßiger oder physischer Art), ob konkret oder nur eingebildet, bewirkt, daß er gereizt und unruhig wird. Die Steinbock-Frau sollte wissen, daß ein Fisch immer das Gefühl haben muß, in einem großen Teich zu schwimmen. Man darf den Neptun-Mann, ähnlich wie einen »echten« Fisch, nicht einfach in ein kleines Aquarium setzen, in dem er nur endlose Kreise ziehen und nie geradeaus schwimmen kann – um zu erforschen.

Obwohl die Steinbock-Frau sehr besitzergreifend sein kann und ihr Mißfallen durch einen eisigen Blick oder die strikte Weigerung kundtut, sich mitzuteilen, wird sie ihrem Fische-Mann kaum emotionsgeladene Eifersuchtsszenen machen – und dafür sollte er so dankbar sein, daß er immer seltener entschwindet, bis er schließlich so verwurzelt ist wie sie.

Alle Fische-Männer sind sich in diesem Punkt ähnlich. Wenn sie freudigen Herzens all ihre Freiheit verschenkt haben, dann wagen sie sich nur noch selten hinaus und sind fast immer treue

Liebhaber und Ehemänner. Wird ihre Freiheit jedoch nur geschmälert, dann werden sie nervös und unruhig, winden und schlängeln sich aus dem Griff unbegründeter Eifersucht heraus, bis sie schließlich den Beweis für die alte Regel erbringen, daß eine Person immer zu dem wird und das tut, was derjenige, der sie liebt, von ihr erwartet.

Die Moral von der Geschichte ist, daß die sicherste Art, einen Fische-Mann zur Untreue zu treiben, darin besteht, ihn der Untreue zu verdächtigen und ihn wissen zu lassen, daß man ihn verdächtigt; der verläßlichste Weg aber zu verhindern, daß er untreu wird, besteht darin, ihn wissen zu lassen, daß seine Liebe und Hilfe gebraucht und geschätzt wird.

Niemand, ob Mann oder Frau, *will* wirklich untreu sein. Untreue führt unweigerlich nur zu Schuldkomplexen und verzettelten Gefühlen, nie zu Glück und Freude. Doch manche Männer brauchen ständig neue Herausforderungen, immer neue Formen der Erregung (nicht unbedingt sexueller Art), oder sie fühlen sich tödlich gelangweilt und depressiv. Die weise Steinbock-Frau, die einen Fisch liebt, wird das verstehen und ihm in ihrer Beziehung so viel Heiterkeit, Leichtigkeit und unerwartete Überraschungen bieten, daß er die vielgestaltigen Bedürfnisse, die er hat, auch allein mit ihr befriedigen kann.

Es mag merkwürdig klingen, doch vieles an der Art, wie sich Fische-Mann und Steinbock-Frau sexuell näherkommen, ist vom Praktischen bestimmt. Sie mag anfänglich mehr als schüchtern sein – doch mit »anfänglich« meine ich, bevor sie das erste Mal von einem Mann in die Arme genommen wird, vor ihrem ersten Gutenachtkuß. Ist ihre Sexualität aber einmal geweckt, dann legt diese Frau ihre Sprödigkeit ab und spielt keine romantischen Spielchen. Ihr sexuelles Verhalten ist so direkt wie alles andere an ihr und, natürlich, auch zweckmäßig wie alles andere. Was ihn betrifft, so kann ihn, wie alle von Neptun Regierten, absolut nichts erschüttern, und das schließt den Bereich seiner eigenen Liebeserfahrung ein.

Bestehen Disharmonien zwischen seiner Sonne und ihrem Mond oder umgekehrt, dann könnte ihre Einstellung zur Liebe zu wenig romantisch sein, um ihn ganz zu erfüllen – wohingegen ihr seine Einstellung zu flüchtig oder oberflächlich, nicht tiefgehend genug ist, um ihre innersten Sehnsüchte zu befriedigen. Und dennoch, die Freundschaft, die die beiden aufgrund der 3:11-Sonnenzeichen-Kombination verbindet – und die erleichterten Kommunikationsmöglichkeiten, die sie bewirkt –, wird sicherlich ausreichend sein, um ihnen zu ermöglichen, nach einer Weile alle Probleme zu lösen. Oft vertieft das gegenseitige Verständnis ihr Verlangen noch um vieles. Nicht daß sie sich ihm verweigern will, um Gottes willen, nein! Ihr Instinkt sagt ihr, daß sie dem Mann, den sie liebt, das Gefühl von Wärme und Geborgenheit vermitteln muß. Nur leider glaubt sie, daß der einzige Weg, dies zu tun, darin besteht, daß sie selbst ein Fels ist – an den er sich bei jedem Sturm, bei jedem Unwetter lehnen kann. Das ist prima und gut gemeint, nur ist es nicht ganz ausreichend. Sie muß ihm ein Fels sein (denn er braucht diese Art von Sicherheit), doch muß sie ebenso in der Lage sein, sich auf seine Persönlichkeit, auf seine innersten Wünsche einzustellen, die um so vieles weitschweifiger sind als ihre. Es wird ihr nicht leichtfallen, den bewußten Versuch zu machen, gelokkerter zu sein, Risiken einzugehen, flexibler und weniger vorsichtig zu sein. Doch wenn sie ihn wirklich an ihrer Seite behalten und ihrer Liebe eine feste und beständige Form geben will, dann kann sie immer auf Saturn zählen, um ihren Vorsatz zu festigen. Wenn eine Steinbock-Frau etwas wirklich *will*, dann hat sie auch Kraft genug, es durchzusetzen.

Das größte Geschenk, das eine Steinbock-Frau ihrem sanften Fisch machen kann und macht, ist das beruhigende Gefühl ihrer Verläßlichkeit. Er weiß, daß er sich auf ihren unerschütterlichen Glauben an ihn verlassen kann, wenn er durch wiederholte Enttäuschungen entmutigt ist und sich quält, weil eine kalte und achtlose Welt seine Träume zerstört. Und sein größtes Geschenk an sie ist seine großartige Neptun-Phantasie.

Die Fische-Wassermann Beziehung

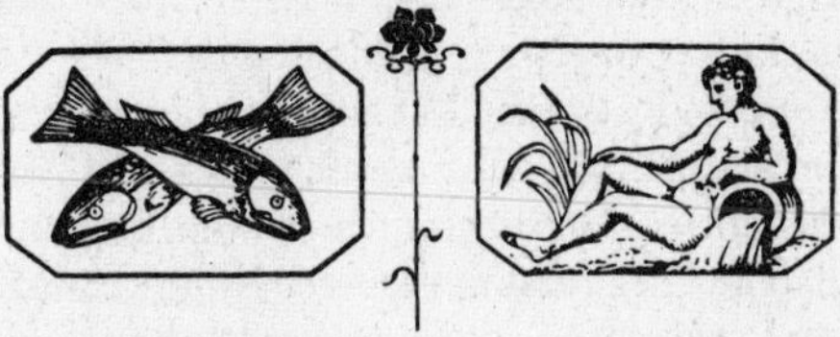

Wenn Fisch und Wassermann zusammen auftreten, dann werden sie in ihrem Verhalten zueinander, ganz zu schweigen von ihrem gemeinsamen Verhalten gegenüber Dritten, leicht von der Norm abweichen. Wenn man sie zusammen sieht, dann kommt man aus dem Staunen nicht mehr heraus.

Beeinflußt von der 2:12-Sonnenzeichen-Kombination müßte der Wassermann eigentlich spüren, daß er so einiges vom Fisch lernen kann, doch Sie wissen ja, Wassermänner glauben, so ziemlich allwissend zu sein. Der Wassermann könnte jedoch eine Menge profitieren, wenn er gelegentlich die Geduld des typischen Fisches imitieren würde, denn er besitzt nur äußerst wenig von dieser Tugend. Fische dagegen sollten Toleranz und Nachsicht für die Launen, Schwächen und verschrobenen Einfälle der Wassermänner aufbringen, was die meisten auch tun – andere reagieren jedoch mit äußerster Nervosität auf die Uranus-Gleichgültigkeit gegenüber der öffentlichen Meinung. Während es in der Fische-Natur liegt, zu versuchen, den Mitmenschen zu gefallen, kümmert es den Wassermann nicht im geringsten, wenn er absolut niemandem gefällt.

Ein Punkt, der ihre Harmonie beeinträchtigen könnte, ist die Neptun-Neigung zur Geheimniskrämerei und zur Unterdrükkung der »reinen« Wahrheit. Sie bringt den Wassermann auf die Palme. Eigentlich ist der Wassermann nicht am Privatleben anderer interessiert, da er das Sonnenzeichen verkörpert, daß am wenigsten Klatsch- und Tratsch-Bedürfnisse hat, es sei denn, es liegt ein ungünstig aspektierter Merkur im Geburtshoroskop vor. Unter normalen Vorraussetzungen ist er kein Schnüffler. Dafür wird er durch vorsätzliche Ausflüchte auf die Folter gespannt, und es dauert nicht lange, bis er dem Geheimnis auf den Grund geht. Der Wassermann kann es einfach nicht vertragen, daß die Büchse der Pandora verschlossen bleibt – wenn er erst einmal bemerkt hat, *daß* sie verschlossen ist.

Wenn es um die Rätsel des Lebens im allgemeinen (oder des Menschen im besonderen) geht, werden Fisch und Wassermann begeistert die Antworten zusammen erraten, ob es nun darum geht, warum eine Fliege erst in geringer Höhe kleine Kreise ziehen muß, bevor sie in der Lage ist, im Steilflug zu starten und in gerader Linie fliegen zu können, oder warum jene Leute am anderen Ende der Stadt Häuser in Form einer Pyramide bauen. Der Wassermann wird seinen Kopf zum Fenster hineinstecken und fragen. Der Fisch dagegen wird in einigem Abstand herumstehen (der typische Fisch würde es nie wagen, auf diese Weise bei Fremden einzudringen), doch er wird mit Neugier und Spannung abwarten, was der Wassermann durch seine beiläufigen und dennoch direkten Fragen in Erfahrung gebracht hat. Wassermänner gehen schnurstracks auf Unbekannte zu und stellen die erstaunlichsten Fragen. Sie verhalten sich nicht absichtlich ungehobelt – sie wollen nur ganz einfach alles wissen. Und meistens bekommen sie auch heraus, was sie wissen wollen. Nur Schützen sind noch neugieriger als Wassermänner. Es besteht ein großer Unterschied zwischen »Klatsch« oder »Schnüffelei« und der Uranus-Neugier. Den Wassermann kümmert es einen feuchten Kehricht, warum sein Nachbar nun bereits zum sechsten Male heiratet oder wieviel Geld er auf seinem Konto hat, doch er könnte unerwartet fragen, warum er sein Haus rosa angestrichen hat oder ob er schon einmal eine Schlange als Haustier gehalten hat.

Die meisten Fische stellen keine direkten Fragen. Ihre Mutmaßungen und übersinnlichen Empfindungen sind so eindeutig, daß sie nicht viel herumzufragen brauchen. Die Vorahnungen und Intuitionen des Uranus sollten es dem Wassermann ermöglichen, genauso treffsicher zu raten wie Fische, doch Wassermänner ziehen es vor, auf Nummer Sicher zu gehen, und unterwerfen alles, einschließlich ihrer eigenen Mutmaßungen, einem Test. Sehen Sie, das ist wieder der Wassermann-Starrsinn. Er braucht die Gewißheit, daß seine Gefühle und Vorahnungen verläßlich sind, und deshalb testet er sie durch Fragen.

Wassermann und Fische besitzen eine Reihe von gemeinsamen Tugenden und Absonderlichkeiten. Es gibt aber auch einige gravierende Unterschiede. Neptun-Leute sind zum Beispiel furchtbar verträumt. Uranus-Leute auch, aber auf wildere, widersprüchlichere Weise. Außerdem verlieren die beiden auch ihre Geduld auf ganz unterschiedliche Weise. Wenn der Fisch zornig wird, dann sprudeln ihm erregte Worte hervor – oder ein paar deutlich mißbilligende, eindringliche Sätze –, bis er sich in Schweigen zurückzieht, was den Wassermann frustriert, der diese Art, Meinungsverschiedenheiten zu meistern, nicht verstehen kann. Die Uranus-Art, seinem Ärger Ausdruck zu verleihen, ist es, schnell und unerwartet zu explodieren, ein paar Blitze und Donnerschläge loszulassen, bis die Luft wieder rein ist, und dann alles zu vergessen. Der Fisch behält unangenehme Dinge etwas länger im Gedächtnis und braucht Zeit zum Nachdenken, bevor er wieder der alte ist.

In puncto Geld sind sich Fisch und Wassermann mehr oder weniger einig. Manche Wassermänner drehen vorsichtig jeden Pfennig um, bevor sie ihn ausgeben – und verlieren dann prompt die Gesamtsumme aus den Augen. Fische sind ähnlich chaotisch im Umgang mit Geld. Sie notieren häufig ihren Kontostand im Kopf, auf der Rückseite eines Umschlags – oder auf der Wand neben dem Telefon. Haben beide jedoch Mond oder Aszendenten im Zeichen Jungfrau, dann verhalten sie sich wie menschliche Rechenmaschinen.

Fische-Frau – Wassermann-Mann

Wassermann-Männer sind in der Regel nicht so sehr durch die Anziehungskraft der Geschlechter aus der Bahn zu werfen. Doch wenn er auf eine Fische-Frau trifft, dann könnte sich der Wassermann plötzlich ganz heftig seiner (ganz zu schweigen von ihrer) Sexualität bewußt werden, was ihn dann veranlaßt, sich auf höchst merkwürdige Weise zu benehmen, d. h. noch merkwürdiger als *üblich*, was dann in der Tat sehr merkwürdig ist. Er könnte bei ihr den Eindruck erwecken, daß er sie nicht ausstehen kann.

Die Fische-Frau, die sich in den Schlaf weint, weil sie der Wassermann, in den sie sich verliebt hat, mit (berechnender) Kühle behandelt hat, so als würde ihm ihr Anblick schon den Appetit verderben – sollte wissen, was er für Überlegungen anstellt: Nur Weichlinge benehmen sich verliebt. Und er ist kein Weichling. Was werden seine Kumpel, seine Spezis und all seine Freunde denken? Solch ein Blödsinn ist was für romantische Gefühlsmenschen, nicht für ihn. Doch halt! Er wird schon noch von seiner Ansicht abrücken.

Auf geistiger Ebene werden die beiden sich gut verstehen. Schon während der Flitterwochen. Ja, sie haben es bis zu den Flitterwochen gebracht. Sobald die Fische-Dame merkt, was es mit der Verstellung dieses Mannes auf sich hat, die Tränen fortwischt und ihre Verführungskünste ins Spiel bringt, dann hat er keine Chance.

Gewöhnlich bringe ich den sexuellen Aspekt zwischen Partnern der verschiedenen Sonnenzeichen nicht so früh zur Sprache, doch bei einem Mann, der ganz Mann ist, und einer Frau, die ganz Frau ist, hat das seinen Sinn. Man bringt sie wirklich nicht zum Erröten (beide werden sehr leicht rot), indem man ihnen im Detail die Freuden ihrer sexuellen Harmonie aufzählt. Alles ist so, wie die Natur es vorgesehen hat: ein reibungsloser, harmonischen Übergang zweier Individuen in die Ekstase der Vereinigung. Nur wenn ein ungünstiger Sonne-Mond-Aspekt oder andere negative Planetenpositionen in ihrem Geburtshoroskop zu finden sind, dann wird es für diesen Mann und diese Frau nicht ganz leicht sein, in ihrer körperlichen Vereinigung den Zustand wahren Glücks zu erreichen.

Da auch die Fische-Frau nicht ohne Fehler ist, wird sie hier und da etwas tun, das einen Ausbruch der unberechenbaren Launen ihres Partners zur Folge haben kann. Alle Wassermann-Männer haben ein Problem, auf das man lieber nicht anspielen sollte. Statt unangenehme Vorfälle zu vergessen und auf die hypersensiblen Gefühle dieser Frau Rücksicht zu nehmen, ist er leicht geneigt, kein Mittel unversucht zu lassen, um zu beweisen, daß er recht und sie unrecht hat. Wenn sie ihm nun widerspricht, wird es bald zum schönsten Krach kommen. Nach einigen gemeinsam verbrachten Jahren wird er gelernt haben, ihr zartes Herz sanfter zu behandeln, und sie wird begriffen haben, daß er sie nicht weniger liebt, nur weil er so verbissen versucht, sich selbst zu beweisen, daß er in jeder bedeutenden oder unbedeutenden Angelegenheit recht hat.

Vorausgesetzt, Venus stand bei ihrer Geburt unter keinem unheilvollen Einfluß, bleibt der typischen Fische-Frau die Qual der Eifersucht erspart, die so manche ihrer Schwestern martert. Nur höchst selten wird sie ihn der Untreue verdächtigen, und das allein ist ein großes Plus für ihre Beziehung. Es gibt sowieso nicht viel an diesem Mann auszusetzen (ausgenommen natürlich, Mars oder Venus in *seinem* Horoskop sind gestört, was hie und da vorkommen kann), weil der typische Wassermann-Mann genügend Anregungen in der Beziehung zu *einer* Frau finden kann. Romantik und physische Leidenschaft sind eine nette Sache, er hat gegen keins von beiden etwas einzuwenden, d. h. er hat sie genauestens untersucht und in jeder möglichen Hinsicht für überraschend zufriedenstellend befunden – doch es besteht kaum die Gefahr, daß er sich so sehr darauf konzentriert, daß für andere Gemeinsamkeiten, keine Zeit mehr bleibt oder daß er mit der Nachbarin flirtet, selbst wenn sie im Bikini erscheint, um sich die Heckenschere auszuborgen.

Sie wird lächeln und sich ebenfalls zu beschäftigen wissen. Sie hilft ihm, wenn er sie braucht, läßt ihn ansonsten jedoch allein in seinem Geist herumwerkeln. Es ist schon wunderbar, verliebt zu sein in ein Genie – und von ihm geliebt zu werden. Das Leben mit ihm könnte ein wenig verrückt werden, monoton wird es niemals sein.

Fische-Mann – Wassermann-Frau

Wassermann-Frauen sind nicht leicht zu schockieren oder zu erschrecken, noch weniger zu überraschen. Die Schocks, Schrecken und Überraschungen sind eher ihr Gebiet. Diese Frau läßt ihren Mann nur zu gern im Ungewissen und liebt es, ihm Streiche zu spielen. Obwohl der Fisch selbst nicht die Angewohnheit besitzt, andere zu schockieren, ist er fast genauso schwer zu überraschen wie sie, und darum wird er über ihre grotesken Spielchen kaum so entsetzt sein wie ein Stier-, ein Jungfrau- oder ein Steinbock-Mann. Der Fisch versteht die menschliche Natur, selbst die grillenhafteste menschlichste Natur. Denn er hat sich damit abgefunden, in eine Welt voll seltsamer Käuze geboren zu sein, was nicht nur die Wassermänner einbezieht, sondern die gesamte Bevölkerung unseres Planeten. Der von Neptun regierte Mensch ist außergewöhnlich tolerant, was abweichendes Verhalten angeht.

Abgesehen von seltenen Fällen äußerster Reizbarkeit (immer aus gutem Grund) sind die meisten Fische-Männer im allgemeinen taktvolle und einsichtige Burschen mit eher schüchternen, freundlichen und gutmütigen Charakteranlagen. Der Fisch gibt gewöhnlich seiner Familie – oder der Frau, die er liebt – alles, was er besitzt. Wenn er natürlich einer ganz speziellen Fische-Art angehört, dann besitzt er nicht allzuviel an materiellen Gütern, die er verteilen könnte. Entweder haben sie andere schon von ihm geborgt oder entwendet, oder er neigt dazu, Dinge hinauszuzögern, seine Träume zu verschieben . . . was ihre Verwirklichung auf Jahre zurückstellen kann.

Wenn er der atypischen Fische-Art angehört, dann hat er genügend Talent und ausreichend Geschick, um beides – persönliche und finanzielle Anerkennung – in fast allem, was er anstrebt, zu erreichen. Er wird die feineren, erhabeneren Dinge des Lebens genießen und mit den notwendigen finanziellen Voraussetzungen ausgestattet sein, um sie zu erreichen. Dabei handelt es sich um jene Fische, die sicher auch sanft, sicher auch verspielt, für übersinnliche Einflüsse empfänglich und gutmütig sind, aber weit mehr Kraft und aggressive Neigungen besitzen als die »normalen« Träumer. In welchen Fische-Typ sich die Wassermann-Frau auch verliebt hat, sie wird den Wert der materiellen Dinge, die er ihr schenkt, nicht errechnen, weil er ebenso bereit ist, sie mit immateriellen zu beschenken – mit seinen Ideen und Idealen, seinen Phantasien und Empfindungen und mit seinem verletzlichen Herzen.

All diese Dinge sind weitaus wertvoller als aufwendige Geschenke. Sicher schätzt die Wassermann-Frau sie höher ein, weil ihr Sinn für den Wert einer Sache ja gewöhnlich mehr auf das Wahre und Wesentliche abgestimmt ist. Wenn sie nicht unter einem materialistisch orientierten Mondzeichen oder Aszendenten geboren wurde, ist die typische Wassermann-Frau in der Lage, mit wenig Mühe und Kraftaufwand zwischen dem Wahren und dem Unechten zu unterscheiden.

Der Fisch, der sie liebt, muß bei dieser Frau stets auf alles gefaßt sein. Eines ist sicher, sie wird, um es vorsichtig auszudrükken, ein bißchen unkonventionell sein. Wassermann-Frauen legen bei alltäglichen Dingen oft überraschend praktische Fähigkeiten an den Tag (manche sind mathematisch hoch begabt und können ganze Zahlenkolonnen im Kopf zusammenrechnen). Dennoch sind sie auf irgendeine Weise . . . *anders.*

Ihre Menschenfreundlichkeit und ihre angeborene Sanftheit schimmern bei allem durch, was die Wassermann-Dame sagt und tut. Ihre Menschenfreundlichkeit beeinträchtigt jedoch ihre Gleichgültigkeit gegenüber dem, was die Leute denken, in keiner Weise. Nicht daß sie wirklich etwas Schreckliches anstellt, doch es könnte ein wenig peinlich sein, wenn sie beschließt, im Mondenschein zu singen oder um fünf Uhr morgens, kurz vor Sonnenaufgang, den elektrischen Rasenmäher anzuwerfen.

Die Wassermann-Frau und der Fische-Mann haben sehr ähnliche Ansichten, was Versprechen angeht. Beide mißtrauen ihnen und hassen es, welche zu geben – untereinander und an dritte. Der Fisch wird gelegentlich seinem eigenen Grundsatz untreu und gibt ein Versprechen, nur um sich später davon zu distanzieren, sollten ihn die veränderten Umstände daran hindern, es zu halten. Sie dagegen wird einem offen in Gesicht sagen, daß sie nicht gern ein Versprechen gibt, weil sie es eventuell brechen müßte. Das ist die einzigartige Form der Uranus-Ehrlichkeit. Niemand sollte Dinge versprechen oder schwören, denkt der Wassermann, aus dem einfachen Grund, weil niemand mit Sicherheit voraussagen kann, was der morgige Tag bringt. Man kann diese Frau allerhöchstens dazu bewegen, zu sagen, daß sie *versuchen* will, morgen das zu tun, was sie heute glaubt, tun zu wollen. Weiter geht sie nicht.

Das erste, was die von Uranus regierte Frau tun wird, wenn sie sich in einen Fische-Mann verliebt, ist, ihm ihre Probleme, Ideen, Gedanken und Theorien darzulegen, um in Erfahrung zu bringen, was er davon hält. Sie wird ihn nicht als eine Schulter betrachten, an der sie sich ausweinen kann, noch als Versuchskaninchen für ihre geplanten Aktionen. Seltsamerweise hört sie recht oft auf seinen Rat. Doch in manchen Dingen wird sie ihren eigenen Weg gehen – trotz seines so weisen Rates. Und wenn sie strauchelt, wird er sie trösten.

Nun, um ehrlich zu sein, manchmal ist er auch *nicht* da. Er ist in der Lage, plötzlich zu verschwinden – oder vielleicht nicht wirklich plötzlich, sondern nach und nach. Gewöhnlich ist der Fisch zuverlässig. Er kann eine Menge einstecken – bis sein Maß voll ist. Wenn er den Schmerz und den Kummer, egal in welcher Form er ihm zugefügt wird, nicht länger ertragen kann, dann gleitet er sanft davon, statt sich dem Verschleiß und der Abnutzung durch Konfrontation zu stellen.

Die Wassermann-Frau besitzt eine ähnliche Fähigkeit zu verschwinden, nur daß *ihr* Verschwinden eher vergleichbar ist mit jenen Zaubertricks auf der Bühne. Jetzt sehen Sie sie noch – jetzt nicht mehr. Genauso wie der Fische-Mann kann auch die Wassermann-Frau nur ein gewisses Maß an Spannungen ertragen, bis sie dann beschließt, sich aus dem gefühlsmäßigen Gefängnis zu befreien.

Die sexuelle Beziehung von Fisch und Wassermann ist häufig eher ein Experiment als eine Erfahrung, zumindest am Anfang. Beide sind nämlich nicht ganz sicher, ob sie ihr ganzes *Ich* dem anderen unterwerfen sollen. Die Körper spielen dabei eine zweitrangige Rolle. Diese beiden Liebenden werden alle Variationen der Liebe durchgemacht haben und trotzdem erst dann das Gefühl des totalen Einsseins erfahren, wenn sich geistig-seelisches und sexuelles Verlangen nach dem Partner die Waage halten. Wenn das geschieht, dann wird der physische Aspekt ihrer Liebe für ihn – die Verwirklichung eines lang ersehnten Traumes, für sie – ein zusätzlicher ekstatischer Genuß des Lebens. Nicht der *einzige* – aber ein ganz besonderer und bezaubernder. Denn in Wahrheit liebt sie das Leben mit seinen mannigfaltigen Überraschungen viel zu sehr, um all ihre Hoffnung auf nur ein einziges seiner Wunder zu setzen. Trotzdem können die beiden mehr Poesie in ihrer körperlichen Vereinigung entdecken, als viele andere Paare überhaupt ahnen.

Zuallererst jedoch, bevor sich diese Frau ganz dem Manne hingibt, den sie liebt, muß er ihr beweisen, daß er ihr Freund, ihr *wahrer* Freund ist. Die kleinste Andeutung von Treulosigkeit auf dem Sektor der Freundschaft, und sie erstarrt zu Eis. Für die Wassermann-Frau steht Freundschaft an erster, Liebe an zweiter – und Sex an dritter Stelle. Was nicht heißen soll, daß sie nicht leidenschaftlich ist, denn sie ist es. Es hängt von der Definition der Leidenschaft ab. Geistige Übereinstimmung in ihrer *reinsten* Bedeutung fügt der Leidenschaft stets eine tiefere Dimension hinzu. Der von Uranus regierte Mensch spürt das in seinem Inneren, lange bevor es andere erfahren.

Die größte Schwäche des Fische-Mannes ist, daß er möglicherweise sein persönliches Wohlergehen vernachlässigt und unbedacht seine eigenen Bedürfnisse und Rechte vergißt, weil seine Natur ihm vorschreibt, Zeit und Geld jenen zu opfern, die seine Hilfe brauchen. Doch für seine Wassermann-Partnerin ist Selbstaufopferung keine Schwäche. Im Gegenteil – sie ist eine Stärke, ohne die ein Mann kein wirklicher Mann ist – geschweige denn ein Freund.

Der größte Charakterfehler der Wassermann-Frau ist ihre feste Weigerung, sich anzupassen, ihr Verlangen nach Abwechslung und Abenteuern. Doch für den Fische-Mann ist ihre unkonventionelle Art kein Makel – im Gegenteil, es ist genau das, was er als erstes an ihr schätzte und was sie so verbindet. Ein bißchen Verrücktheit – das ist das, was er an ihr so anziehend findet.

Ja, sie werden streiten, und zwar nicht selten. Doch so ein Streitgespräch zwischen Mann und Frau, die sich lieben, ist schon etwas Komisches. Sie zanken sich über dies und jenes und wollen doch nichts anderes sagen als – ich hab' dich gern. Und das ist es, was zählt, nachdem all ihre Uranus-Ratespielchen und seine Neptun-Versteckspielchen ausgespielt sind.

Die Persönlichkeits-Typen

Kardinalzeichen (Führer)	Feste Zeichen (Organisatoren)	Veränderliche Zeichen (Vermittler)
Widder	Stier	Zwillinge
Krebs	Löwe	Jungfrau
Waage	Skorpion	Schütze
Steinbock	Wassermann	Fische

Positive (männliche) Zeichen (aggressive, dynamische Idealisten)	Negative (weibliche) Zeichen (verschlossene, nachdenkliche Strategen)
Widder	Stier
Zwillinge	Krebs
Löwe	Jungfrau
Waage	Skorpion
Schütze	Steinbock
Wassermann	Fische

Feuerzeichen (inspiriert)		Luftzeichen (geistig)	
Widder –	Kardinal – Feuer	Waage –	Kardinal – Luft
Löwe –	Fest – Feuer	Wassermann –	Fest – Luft
Schütze –	Veränderlich – Feuer	Zwillinge –	Veränderlich – Luft

Erdzeichen (sachlich)		Wasserzeichen (empfindsam)	
Steinbock –	Kardinal – Erde	Krebs –	Kardinal – Wasser
Stier –	Fest – Erde	Skorpion –	Fest – Wasser
Jungfrau –	Veränderlich – Erde	Fische –	Veränderlich – Wasser

Widder:	Feuer-Positiv-Männlich-Kardinal inspirierter, aggressiver, dynamischer, idealistischer *Führer*
Löwe:	Feuer-Positiv-Männlich-Fest inspirierter, aggressiver, dynamischer, idealistischer *Organisator*
Schütze:	Feuer-Positiv-Männlich-Veränderlich inspirierter, aggressiver, dynamischer, idealistischer *Vermittler*
Steinbock:	Erde-Negativ-Weiblich-Kardinal verschlossener, nachdenklicher, strategischer *Führer*
Stier:	Erde-Negativ-Weiblich-Fest verschlossener, nachdenklicher, strategischer *Organisator*
Jungfrau:	Erde-Negativ-Weiblich-Veränderlich verschlossener, nachdenklicher, strategischer *Vermittler*
Waage:	Luft-Positiv-Männlich-Kardinal geistiger, aggressiver, dynamischer, idealistischer *Führer*
Wassermann:	Luft-Positiv-Männlich-Fest geistiger, aggressiver, dynamischer, idealistischer *Organisator*
Zwillinge:	Luft-Positiv-Männlich-Veränderlich geistiger, aggressiver, dynamischer, idealistischer *Vermittler*
Krebs:	Wasser-Negativ-Weiblich-Kardinal empfindsamer, verschlossener, nachdenklicher, strategischer *Führer*
Skorpion:	Wasser-Negativ-Weiblich-Fest empfindsamer, verschlossener, nachdenklicher, strategischer *Organisator*
Fische:	Wasser-Negativ-Weiblich-Veränderlich empfindsamer, verschlossener, nachdenklicher, strategischer *Vermittler*

Die Verbindung der Elemente

Feuerzeichen	
Widder Löwe Schütze	Feuer verbindet sich leicht mit Feuer und Luft, verlangt aber Toleranz in Verbindung mit Erde und Wasser.
Luftzeichen	
Waage Wassermann Zwillinge	Luft verbindet sich leicht mit Luft und Feuer, verlangt aber Toleranz in Verbindung mit Erde und Wasser.
Erdzeichen	
Steinbock Stier Jungfrau	Erde verbindet sich leicht mit Erde und Wasser, verlangt aber Toleranz in Verbindung mit Feuer und Luft.
Wasserzeichen	
Krebs Skorpion Fische	Wasser verbindet sich leicht mit Wasser und Erde, verlangt aber Toleranz in Verbindung mit Feuer und Luft.

Feuer und Feuer

Wenn Feuer auf Feuer trifft, können die daraus entstehenden größeren und heißeren Flammen entweder zu einer Feuersbrunst führen, die sich selbst verzehrt und ausbrennt – oder sie können die Dunkelheit erhellen und das Eis und die Furcht des negativen Denkens schwinden lassen. Die Wahl liegt zu gleichen Teilen bei beiden Individuen.

Luft und Luft

Wenn Luft auf Luft trifft, ist das Ergebnis vollkommene Bewegungsfreiheit mit wenig oder keiner Einschränkung. Diese Verbindung kann zu einem glorreichen geistigen, emotionalen und spirituellen Aufschwung führen. Doch ohne den Wind der Veränderung wird Luft muffig und verschmutzt; unter bestimmten Voraussetzungen kann Luft aber auch zur wütenden Raserei eines Tornados werden. Die Wahl liegt zu gleichen Teilen bei beiden Individuen.

Erde und Erde

Wenn Erde auf Erde trifft, kann diese Verbindung sich selbst einen mächtigen Berg von Glauben und Kraft bauen – oder statt dessen eine ausgedörrte Wüste werden, je nach der Richtung, die sie nimmt. Das Ergebnis kann auch ein Erdbeben mit vulkanischem Widerhall sein. Die Wahl liegt zu gleichen Teilen bei beiden Individuen.

Wasser und Wasser

Wenn Wasser auf Wasser trifft, gibt es keinen Widerstand und führt zu einem ständigen Strom an Inspiration, der schließlich in einen großen Ozean der Erleuchtung mündet – oder aber im negativen Sinn in eine kleine Bucht führt, aus der es kein Entrinnen gibt. Wasser löscht den Durst, doch ist es einmal außer Kontrolle, kann es verheerende Fluten erzeugen. Die Wahl liegt zu gleichen Teilen bei beiden Individuen.

Feuer und Luft

Luft schürt Feuer und läßt es heller brennen, stimuliert Enthusiasmus und Erregung – oder entzündet Leidenschaft und Zorn. Zuviel Feuer kann den Sauerstoff der Luft verbrennen und läßt somit das Atmen zum Problem werden – und zuviel Luft, etwa ein starker Wind, kann eine Flamme düsterer flakkern lassen. Die Wahl liegt zu gleichen Teilen bei beiden Individuen.

Feuer und Erde

Es ist offensichtlich, welches der beiden Elemente das stärkere und dauerhaftere ist. Erde bleibt, wo sie ist, wenn sie nicht durch eine innere Explosion oder durch äußere Kräfte bewegt wird. Feuer bahnt seinen eigenen Kurs und strebt immer zun Himmel. Feuer kann die Erde versengen, aber niemals ganz zerstören. Erde kann Feuer unterstützen, indem sie ein festes Fundament für seine Flammen baut; zuviel Erde jedoch kann auch das leuchtendste Feuer begraben. Die Wahl liegt zu gleichen Teilen bei beiden Individuen.

Feuer und Wasser

Ein großes Feuer kann durch seine übermäßige Hitze eine kleine Menge Wasser austrocknen. Andererseits können große Mengen Wasser Feuer löschen, die Flammen ersticken. Daher fürchtet oder respektiert Feuer instinktiv das Wasser und umgekehrt. Beide spüren im Unterbewußtsein die Gefahr – daß jeder fähig ist, den anderen vollkommen zu zerstören. Die Wahl liegt zu gleichen Teilen bei beiden Individuen.

Erde und Luft

Erde enthält Luft und braucht sie, aber Luft enthält weder Erde, noch braucht sie sie. Erde muß bleiben, wo sie ist, und kann nur durch Erdbeben, vulkanische oder äußere Kraft bewegt werden. Luft hat sich von solchen Einschränkungen freigemacht und bewegt sich je nach Laune über die Erde, verändert weder die Erde, noch verharrt sie dort lange Zeit. Die Erde ist unabhängig von der Luft, ist sich scheinbar deren Existenz nicht bewußt, so lange, bis starke Winde die Pflanzen und Blumen stören, die auf ihrer Oberfläche wachsen, in ihrem Schoß verwurzelt sind. Das Ergebnis wird von der Wahl bestimmt, die zu gleichen Teilen bei beiden Individuen liegt.

Erde und Wasser

Wasser sucht ein Heim, das es in der Erde findet, indem es sie durchdringt und befeuchtet, was einen Segen für die Erde darstellt. Denn es ist das Wasser allein, das der Erde erlaubt, allen Pflanzenformen, Bäume und Blumen, Leben zu schenken. Ohne die *Bereicherung* durch Wasser ist die Erde trocken und unbrauchbar. Diese beiden Elemente sind dazu bestimmt, voneinander abhängig zu sein. Doch zuviel Wasser kann die Erde in Schlamm und Schwimmsand verwandeln – und zuwenig Wasser kann in den Gebirgsmassen der Erde verschwinden und sich verlieren. Das Ergebnis wird von der Wahl bestimmt, die zu gleichen Teilen bei beiden Individuen liegt.

Luft und Wasser

Luft durchdringt Wasser ... bewegt es, wühlt es zu peitschenden Wellen auf ... und zieht weg ... ein Eindringen oder ein Angriff, über den Wasser keine Kontrolle hat. Wenn Wasser Luft in Form von Feuchtigkeit durchdringt, so wird die Luft schwer. Doch bringt dies der ganzen Natur auch die Erleichterung des Regens, der wie durch Zauber Luft *in ihr eigenes Element* zurückverwandelt, eine Umwandlung, über die die Luft keine Kontrolle hat. In der endgültigen Analyse hat keines der beiden Individuen eine Wahl bezüglich des Ergebnisses – nur durch den höheren Willen des Schicksals.

Die Sonnenzeichen-Kombinationen

1:1-Sonnenzeichen-Kombinationen

Widder–Widder
Stier–Stier
Zwillinge–Zwillinge
Krebs–Krebs
Löwe–Löwe
Jungfrau–Jungfrau
Waage–Waage
Skorpion–Skorpion
Schütze–Schütze
Steinbock–Steinbock
Wassermann–Wassermann
Fische–Fische

2:12-Sonnenzeichen-Kombinationen

Widder–Fische
Stier–Widder
Zwillinge–Stier
Krebs–Zwillinge
Löwe–Krebs
Jungfrau–Löwe
Waage–Jungfrau
Skorpion–Waage
Schütze–Skorpion
Steinbock–Schütze
Wassermann–Steinbock
Fische–Wassermann

3:11-Sonnenzeichen-Kombinationen

Widder–Zwillinge
Widder–Wassermann
Stier–Krebs
Stier–Fische
Zwillinge–Löwe
Krebs–Jungfrau
Löwe–Waage
Jungfrau–Skorpion
Waage–Schütze
Skorpion–Steinbock
Schütze–Wassermann
Steinbock–Fische

4:10-Sonnenzeichen-Kombinationen

Widder–Krebs
Widder-Steinbock
Stier–Löwe
Stier–Wassermann
Zwillinge–Jungfrau
Zwillinge–Fische
Krebs–Waage
Löwe–Skorpion
Jungfrau–Schütze
Waage–Steinbock
Skorpion–Wassermann
Schütze–Fische

5:9-Sonnenzeichen-Kombinationen

Widder–Löwe
Widder–Schütze
Stier–Jungfrau
Stier–Steinbock
Zwillinge–Waage
Zwillinge–Wassermann
Krebs–Skorpion
Krebs–Fische
Löwe–Schütze
Jungfrau–Steinbock
Waage–Wassermann
Skorpion–Fische

6:8-Sonnenzeichen-Kombinationen

Widder–Jungfrau
Widder–Skorpion
Stier–Waage
Stier–Schütze
Zwillinge–Skorpion
Zwillinge–Steinbock
Krebs–Schütze
Krebs–Wassermann
Löwe–Steinbock
Löwe–Fische
Jungfrau–Wassermann
Waage–Fische

7:7-Sonnenzeichen-Kombinationen

Widder–Waage
Stier–Skorpion
Zwillinge–Schütze
Krebs–Steinbock
Löwe–Wassermann
Jungfrau–Fische

Wie Sie aus der Darstellung des Schicksalsrades (S. 162) entnehmen werden, leiten sich die Sonnenzeichen-Kombinationen folgendermaßen ab: Indem man jedes Sonnenzeichen als Nummer 1 bezeichnet, ist Widder das 9. Zeichen von Löwe und Löwe das fünfte Zeichen von Widder (immer entgegen dem Uhrzeigersinn). Daher ist Widder-Löwe eine 5:9-Sonnenzeichen-Kombination.

Stier ist 9 Häuser (oder Zeichen) von Jungfrau – und Jungfrau 5 Häuser vom Stier entfernt. Daher ist Stier–Jungfrau auch eine 5:9-Kombination. Ebenso Stier–Steinbock und Jungfrau–Steinbock. Die gleiche Methode wird angewandt, um alle anderen Sonnenzeichen-Kombinationen zu bestimmen.

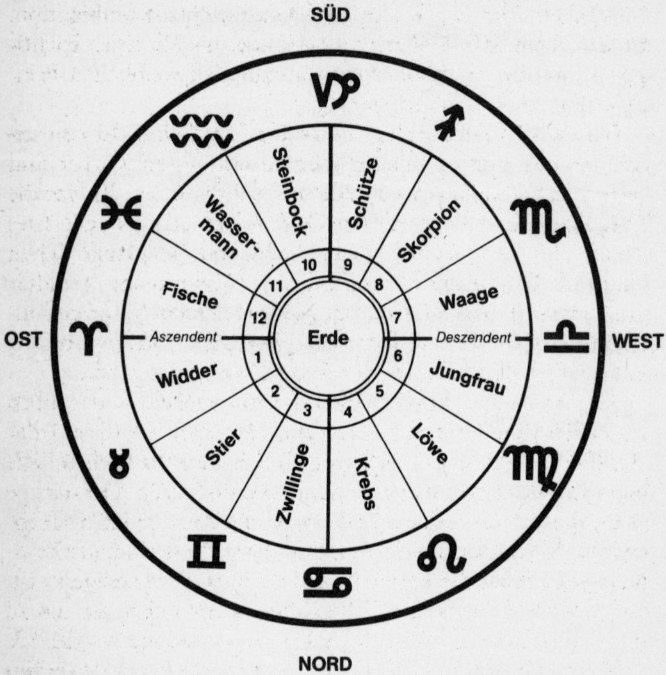

Die Symbole

Widder	♈	Waage	♎	Mars	♂	Pluto	♇
Stier	♉	Skorpion	♏	Venus	♀	Jupiter	♃
Zwillinge	♊	Schütze	♐	Merkur	☿	Saturn	♄
Krebs	♋	Steinbock	♑	Mond	☽	Uranus	♅
Löwe	♌	Wassermann	♒	Sonne	☉	Neptun	♆
Jungfrau	♍	Fische	♓				

Sie werden bemerkt haben, daß die beiden Zahlen aller Sonnenzeichen-Kombinationen zusammengerechnet immer die Zahl 14 ergeben. Alle – außer der 1:1-Sonnenzeichen-Kombination. Dem liegt ein tiefes Geheimnis zugrunde, es stellt einen wichtigen mystischen Symbolismus des männlich-weiblichen Prinzips, ähnlich der Zwillingsseele dar.

Die Zahl 14 symbolisiert die 14 Teile des Osiris, der von seinem Bruder Seth erschlagen wurde, und dessen Körper und Seele gleichermaßen in 14 Teile zertrennt wurden. Es war die Aufgabe der Zwillingsseele von Osiris – Isis –, die 14 Teile ihres Partners zu suchen, durch viele, ermüdende, ewig lange Zeiten hindurch. Die Legende erzählt, daß im Wassermann-Zeitalter die vierzehn Teile des Osiris sich wieder zu *einem* Mann zusammenfügen (»mit allen zerstreuten Teilen, ganz und gar«), und er mit seiner Zwillingsseele – Isis – wiedervereinigt wird.

Alle Sonnenzeichen-Kombinationen ergeben – wie oben schon erwähnt – die mystische Osiris-Isis-Zahl 14, die es jeder einzelnen Kombination erlaubt, nach Einheit zu suchen, jede innerhalb der eigenen Schwingungs-Kombination. Der einzige Weg, wie sich Liebende oder Partner, die von der 1:1-Sonnenzeichen-Kombinations-Schwingung beeinflußt sind, als Zwillingsseelen erkennen können – und ihr Karma befriedigen – ist, daß einer von ihnen spirituell genügend entwickelt ist, um zu der »Höheren Oktave-Zahl« der Eins zu »schwingen« – der 13. Addiert man diese nun zu der Eins der anderen Person, so ergibt diese Kombination die mystische Isis-Osiris-Zahl 14, und dann stehen beide unter dem Schwingungs-Einfluß der Zahl 8. Denn: zweimal 13 ist gleich 26, und diese beiden Ziffern addiert ergeben die Zahl 8. (Die Zahl 8 stellt den doppelten Schlangenkreis des Liebesgeheimnisses dar – zwei Kreise oder zwei Nullen aufeinandergestellt.)

Wenn zwei Personen, die in einer 1:1-Sonnenzeichen-Kombination stehen, spirituell im gleichen Maß entwickelt sind, können sie den »Blitz-Pfad« des Karma erfahren – in Verbindung mit verschiedenen anderen bzw. unter gewissen Umständen – und so gemeinsam schnell die Erleuchtung erlangen, wenngleich dies auch eine seltene mystische Vollendung ist.

Aspekte

Sonnenzeichen, *Mondzeichen* und *Aszendenten* stehen im Trigon (positiv oder harmonisch) zueinander

Widder–Löwe	Zwillinge–Waage	Löwe–Schütze
Widder–Schütze	Zwillinge–Wassermann	Jungfrau–Steinbock
Stier–Jungfrau	Krebs–Skorpion	Waage–Wassermann
Stier–Steinbock	Krebs–Fische	Skorpion–Fische

Sonnenzeichen, *Mondzeichen* und *Aszendenten* stehen im Sextil (positiv oder harmonisch) zueinander

Widder–Zwillinge	Zwillinge–Löwe	Waage–Schütze
Widder–Wassermann	Krebs–Jungfrau	Skorpion–Steinbock
Stier–Krebs	Löwe–Waage	Schütze–Wassermann
Stier–Fische	Jungfrau–Skorpion	Steinbock–Fische

Sonnenzeichen, *Mondzeichen* und *Aszendenten* stehen in Konjunktion (positiv oder harmonisch) zueinander

Widder–Widder	Löwe–Löwe	Schütze–Schütze
Stier–Stier	Jungfrau–Jungfrau	Steinbock–Steinbock
Zwillinge–Zwillinge	Waage–Waage	Wassermann–Wassermann
Krebs–Krebs	Skorpion–Skorpion	Fische–Fische

Sonnenzeichen, *Mondzeichen* und *Aszendenten* stehen im Quadrat (negativ oder unharmonisch) zueinander

Widder–Krebs	Zwillinge–Jungfrau	Jungfrau–Schütze
Widder–Steinbock	Zwillinge–Fische	Waage–Steinbock
Stier–Löwe	Krebs–Waage	Skorpion–Wassermann
Stier–Wassermann	Löwe–Skorpion	Schütze–Fische

Sonnenzeichen, *Mondzeichen* und *Aszendenten* stehen in Opposition (negativ oder unharmonisch) zueinander

Widder–Waage	Krebs–Steinbock
Stier–Skorpion	Löwe–Wassermann
Zwillinge–Schütze	Jungfrau–Fische

Wenn sich Sonne, Mond oder der Aszendent in einem der folgenden Zeichen befinden, so stehen sie im positiven (oder harmonischen) Trigon-Aspekt zueinander. – Hierzu muß aber beachtet werden, daß sich die Genauigkeit der genannten Aspekte nur aus dem individuell errechneten Horoskop ersehen läßt (gemäß der Geburtsstunde).

Sonnenzeichen-Verträglichkeiten

1:1-Sonnenzeichen-Kombination

Ihr Sonnenzeichen (links) bildet mit dem ihm gegenübergestellten Sonnenzeichen (rechts) eine 1:1-Sonnenzeichen-Kombination.

Widder	....	Widder
Stier	....	Stier
Zwillinge	....	Zwillinge
Krebs	....	Krebs
Löwe	....	Löwe
Jungfrau	....	Jungfrau
Waage	....	Waage
Skorpion	....	Skorpion
Schütze	....	Schütze
Steinbock	....	Steinbock
Wassermann	....	Wassermann
Fische	....	Fische

In Freundschafts-, Geschäfts-, Familien- oder Liebesbeziehungen mit Menschen, die unter dem gleichen Sonnenzeichen geboren sind, wird jeder von Ihnen versucht sein, seine Tugenden oder Laster zu übertreiben. Alle positiven Persönlichkeits- und Charakterzüge werden sich in ihrer Intensität verstärken – aber auch die negativen Züge. Sie sollten sich beide bemühen, die »guten« Eigenschaften des Sonnenzeichens, das Sie gemeinsam haben, zu fördern – und die »schlechten« Eigenschaften des Sonnenzeichens abzulegen oder zu tolerieren.

Die Aspekte zwischen den anderen Planeten, den Monden oder Aszendenten beider Horoskope werden die oben gegebene Beschreibung der Beziehung etwas verändern (im negativen wie auch im positiven Sinn), doch werden sie die der 1:1-Sonnenzeichen-Kombination zugrunde liegende Wechselwirkung nicht entscheidend ändern.

2:12-Sonnenzeichen-Kombination

Ihr Sonnenzeichen (links) bildet mit dem ihm gegenübergestellten Sonnenzeichen (rechts) eine 2:12-Sonnenzeichen-Kombination.

Widder	Der Widder muß vom Stier lernen – der Stier toleriert die Unzulänglichkeiten und die unterschiedlichen Auffassungen des Widders	Stier
Stier	Der Stier lernt Lektionen von den Zwillingen – die Zwillinge tolerieren die Unzulänglichkeiten und die unterschiedlichen Auffassungen des Stiers.	Zwillinge
Zwillinge	Die Zwillinge lernen Lektionen vom Krebs – der Krebs toleriert die Unzulänglichkeiten und die unterschiedlichen Auffassungen der Zwillinge.	Krebs
Krebs	Der Krebs lernt Lektionen vom Löwen – der Löwe toleriert die Unzulänglichkeiten und die unterschiedlichen Auffassungen des Krebses.	Löwe
Löwe	Der Löwe lernt Lektionen von der Jungfrau – die Jungfrau toleriert die Unzulänglichkeiten und die unterschiedlichen Auffassungen des Löwen.	Jungfrau
Jungfrau	Die Jungfrau lernt Lektionen von der Waage – die Waage toleriert die Unzulänglichkeiten und die unterschiedlichen Auffassungen der Jungfrau.	Waage
Waage	Die Waage lernt Lektionen vom Skorpion – der Skorpion toleriert die Unzulänglichkeiten und die unterschiedlichen Auffassungen der Waage.	Skorpion
Skorpion	Der Skorpion lernt Lektionen vom Schützen – der Schütze toleriert die Unzulänglichkeiten und die unterschiedlichen Auffassungen des Skorpions.	Schütze
Schütze	Der Schütze lernt Lektionen vom Steinbock – der Steinbock toleriert die Unzulänglichkeiten und die unterschiedlichen Auffassungen des Schützen.	Steinbock

Steinbock	Der Steinbock lernt Lektionen vom Wassermann – der Wassermann toleriert die Unzulänglichkeiten und die unterschiedlichen Auffassungen des Steinbocks.	Wassermann
Wassermann	Der Wassermann lernt Lektionen von den Fischen – die Fische tolerieren die Unzulänglichkeiten und die unterschiedlichen Auffassungen des Wassermanns.	Fische
Fische	Die Fische lernen Lektionen vom Widder – der Widder toleriert die Unzulänglichkeiten und die unterschiedlichen Auffassungen der Fische.	Widder

In Freundschafts-, Geschäfts-, Familien- oder Liebesbeziehungen mit diesen Menschen wird einer von Ihnen fühlen, daß er viel vom anderen lernen muß. Derjenige, der den anderen lehrt, entwickelt ein unerklärliches Mitgefühl für die Schwächen und Fehler des anderen und versteht auf seltsame Weise dessen deutlich unterschiedliche Motive und Verhaltensweisen.

Die Aspekte zwischen den anderen Planeten, den Monden oder Aszendenten beider Horoskope werden die oben gegebene Beschreibung der Beziehung etwas verändern (im negativen wie auch im positiven Sinn), doch werden sie die der 2:12-Sonnenzeichen-Kombination zugrunde liegende Wechselwirkung nicht entscheidend ändern.

3:11-Sonnenzeichen-Kombination

Ihr Sonnenzeichen (links) bildet mit den ihm gegenübergestellten Sonnenzeichen (rechts) eine 3:11-Sonnenzeichen-Kombination.

Widder	....	Zwillinge und Wassermann
Stier	....	Krebs und Fische
Zwillinge	....	Widder und Löwe
Krebs	....	Stier und Jungfrau
Löwe	....	Zwillinge und Waage
Jungfrau	....	Krebs und Skorpion
Waage	....	Löwe und Schütze
Skorpion	....	Jungfrau und Steinbock
Schütze	....	Waage und Wassermann
Steinbock	....	Skorpion und Fische
Wassermann	....	Widder und Schütze
Fische	....	Stier und Steinbock

Sie spüren ein starkes Band der Freundschaft, gleichgültig, ob Sie Freundschafts-, Geschäfts-, Familien- oder Liebesbeziehungen zu diesen Menschen unterhalten. Gegenseitiges Vertrauen und leichte Verständigung herrschen in dieser Beziehung. Sie sind sehr unterschiedliche Charaktere; doch diese Unterschiede haben wenig oder keine Auswirkungen auf Ihre gegenseitige Hochachtung. Es könnte ein Sinn für Verantwortung, vielleicht ein unausweichliches Pflichtgefühl sein, das Sie zusammenführt und das Band zwischen Ihnen stärkt. Mit diesen Personen können Sie sich leicht unterhalten, und Sie werden einander ständig dazu anregen, Gewohnheiten und gegebene Situationen zu ändern.

Sie werden wahrscheinlich eine sehr enge Freundschaft mit diesen Menschen entwickeln und immer freundlich zueinander sein. Streitigkeiten werden schnell aus der Welt geschafft, vergeben und vergessen. Sie werden oft zanken oder sich uneinig sein, vielleicht verärgert über einige gemeinsame Verpflichtungen, die Sie verbinden, doch werden Sie sie nicht vermeiden können. Ja sogar dann, wenn Sie Ihre Verbindung zueinander als abgeschlossenes Kapitel betrachten sollten, wird sie Monate oder Jahre später wieder zum Durchbruch kommen und noch einmal aufgenommen werden.

Die Aspekte zwischen den anderen Planeten, den Monden oder Aszendeten beider Horoskope werden die oben gegebene Beschreibung der Beziehung etwas verändern (im negativen wie auch im positiven Sinn), doch werden sie die der 3:11-Sonnenzeichen-Kombination zugrunde liegende Wechselwirkung nicht entscheidend ändern.

4:10-Sonnenzeichen-Kombinationen

Ihr Sonnenzeichen (links) bildet mit den ihm gegenübergestellten Sonnenzeichen (rechts) eine 4:10-Sonnenzeichen-Kombination.

Widder	....	Krebs und Steinbock
Stier	....	Löwe und Wassermann
Zwillinge	....	Jungfrau und Fische
Krebs	....	Waage und Widder
Löwe	....	Stier und Skorpion
Jungfrau	....	Zwillinge und Schütze
Waage	....	Krebs und Steinbock
Skorpion	....	Löwe und Wassermann
Schütze	....	Jungfrau und Fische
Steinbock	....	Widder und Waage
Wassermann	....	Stier und Skorpion
Fische	....	Zwillinge und Schütze

Nicht immer, aber überraschend oft entladen sich Spannungen und Persönlichkeitskonflikte in Anwesenheit der Menschen, mit denen Sie – in Freundschafts-, Geschäfts-, Familien- oder Liebesbeziehungen – mit dieser Sonnenzeichen-Kombination verbunden sind – entweder mißbilligen Sie diese, oder Sie spüren, daß Sie selbst von ihnen mißbilligt werden. Einer von Ihnen wird möglicherweise wegen der strengen, erzieherischen Versuche des anderen nervös. Aus verschiedenen Gründen wird es bis zu einem gewissen Grad immer geistige und emotionelle Vorbehalte geben.

Stehen andere Planeten zwischen den beiden Horoskopen (besonders die Monde und Aszendenten) unter einem harmonischen (Konjunktion, Sextil oder Trigon) Aspekt, so wird es zwischen Ihnen und diesen Menschen zu tiefer Verehrung, Treue und Respekt kommen. Das wird dann die Ursache dafür sein, daß die unleugbaren ursprünglichen Unterschiede der Motivation und Persönlichkeit weniger frustrierend, weniger verwirrend werden – obwohl diese großen Auffassungsunterschiede und Ziele immer bestehen bleiben.

Stehen die anderen Planeten zwischen den beiden Horoskopen (besonders die Monde und Aszendenten) in Quadratur oder in Opposition (negativ), so ist Ihre Beziehung mit diesen Menschen tatsächlich spannungsgeladen und schwierig. Sie müssen eine Engelsgeduld aufbringen, um diese Beziehung zu meistern – doch der Lohn dafür wird groß sein.

5:9-Sonnenzeichen-Kombination

Ihr Sonnenzeichen (links) bildet mit den ihm gegenübergestellten Sonnenzeichen (rechts) eine 5:9-Sonnenzeichen-Kombination.

Widder	....	Löwe und Schütze
Stier	....	Jungfrau und Steinbock
Zwillinge	....	Waage und Wassermann
Krebs	....	Skorpion und Fische
Löwe	....	Widder und Schütze
Jungfrau	....	Stier und Steinbock
Waage	....	Zwillinge und Wassermann
Skorpion	....	Krebs und Fische
Schütze	....	Widder und Löwe
Steinbock	....	Stier und Jungfrau
Wassermann	....	Zwillinge und Waage
Fische	....	Krebs und Skorpion

Nicht immer, doch überraschend oft, finden Sie in Freundschafts-, Geschäfts-, Familien- oder Liebesbeziehungen Einfühlungsvermögen, geistige Anregung, emotionale Übereinstimmung (oder romantische Erfüllung) bei diesen Menschen.

Es besteht eine starke Sympathie zwischen Ihnen, Mißverständnisse sind gewöhnlich nicht schwerwiegend und werden schnell aus der Welt geschafft. Die Chancen für Harmonie sind ausgezeichnet; eine dauerhafte, glückliche Beziehung wird müheloser als mit jedem anderen Sonnenzeichen erreicht.

Stehen andere Planeten (besonders die Monde und Aszendenten) zwischen diesen Horoskopen in Quadratur oder Opposition (negativ), so kann es zu Zusammenstößen und Spannungen zwischen Ihnen und diesen Menschen kommen – die gemeinsame Basis kann zeitweilig ins Wanken geraten –, die grundsätzliche Übereinstimmung und das gegenseitige Verständnis werden jedoch immer bestehenbleiben.

Stehen andere Planeten zwischen diesen beiden Horoskopen (besonders die Monde und Aszendenten unter einem harmonischen Aspekt (Konjunktion, Sextil oder Trigon), so wird Ihre Beziehung mit diesen Menschen außergewöhnlich glücklich, reibungslos und voller Harmonie sein.

6:8-Sonnenzeichen-Kombination

Ihr Sonnenzeichen (links) bildet mit den ihm gegenübergestellten Sonnenzeichen (rechts) eine 6:8-Sonnenzeichen-Kombination.

Widder	....	Jungfrau und Skorpion
Stier	....	Waage und Schütze
Zwillinge	....	Skorpion und Steinbock
Krebs	....	Schütze und Wassermann
Löwe	....	Steinbock und Fische
Jungfrau	....	Widder und Wassermann
Waage	....	Stier und Fische
Skorpion	....	Widder und Zwillinge
Schütze	....	Stier und Krebs
Steinbock	....	Zwillinge und Löwe
Wassermann	....	Krebs und Jungfrau
Fische	....	Löwe und Waage

Sie werden in Freundschafts-, Geschäfts-, Familien- oder Liebesbeziehungen Kommunikationsschwierigkeiten mit diesen Menschen haben. Doch fühlen Sie sich seltsam gefesselt und mächtig in ihren Bann gezogen. Ist die Verbindung zwischen Ihnen eine Liebesbeziehung, so fühlen Sie eine unwiderstehliche sexuelle Anziehung.

Ist Ihre Beziehung keine Liebes-, sondern eine Freundschafts-, Geschäfts- oder Familienverbindung, so werden Sie sich dieser Person nicht sexuell verbunden fühlen, sondern durch gemeinsame Interessen am Übernatürlichen – Tod, Geburt, Reinkarnation und alle geistigen Angelegenheiten – oder durch Situationen im Zusammenhang mit Geld, das keinem von Ihnen gehört, d. h. dem Geld anderer. Es könnte Zeiten geben, wo diese Person in ihrer Beziehung zu Ihnen ohne Grund verschlossen zu sein scheint.

Irgendwie haben diese Menschen den Wunsch, Ihnen zu helfen; und auch Sie haben das Verlangen, dem anderen zu helfen. Einer von Ihnen oder beide werden dem anderen gern nützlich sein, ohne etwas übelzunehmen, und einer wird den anderen oft vor denen beschützen, die ihm – oder ihr – Schmerzen zufügen wollen. Es kann Zeiten geben, in denen die fortgesetzten Gefälligkeitsbezeugungen auf Ablehnung stoßen, doch gibt es diesbezüglich keine Wahl. In dieser Beziehung findet geleistete Hilfe ihren Lohn immer in der Faszination der Gemeinschaft selbst. Irgendwie wird jede der beiden aus dieser Verbindung großen Nutzen ziehen, und derjenige, der dient, bleibt gewöhnlich treu.

Die Aspekte zwischen den anderen Planeten, den Monden und den Aszendeten beider Horoskope werden die oben gegebene Beschreibung der Beziehung etwas verändern (im negativen wie auch im positiven Sinn), doch werden sie die der 6:8-Sonnenzeichen-Kombination zugrunde liegende Wechselwirkung nicht entscheidend ändern.

7:7-Sonnenzeichen-Kombination

Ihr Sonnenzeichen (links) bildet mit dem ihm gegenübergestellten Sonnenzeichen (rechts) eine 7:7-Sonnenzeichen-Kombination.

Widder	....	Waage
Stier	....	Skorpion
Zwillinge	....	Schütze
Krebs	....	Steinbock
Löwe	....	Wassermann
Jungfrau	....	Fische
Waage	....	Widder
Skorpion	....	Stier
Schütze	....	Zwillinge
Steinbock	....	Krebs
Wassermann	....	Löwe
Fische	....	Jungfrau

In Freundschafts-, Geschäfts-, Familien- oder Liebesbeziehungen zeigt sich der Einfluß dieser Kombination.

Nicht immer, aber oft, fühlen Sie sich körperlich angezogen von den Angehörigen des *anderen Geschlechts*, die unter dem Sonnenzeichen geboren sind, das dem Ihren hier gegenüber aufgeführt ist (und das dem Ihren auch im Schicksalsrad gegenübersteht) – oder Sie bewundern und respektieren sie insgeheim. Diese Menschen besitzen Charakter- und Persönlichkeitszüge, die Ihnen selbst fehlen. Die Anziehung und der Drang zur Nachahmung sind stark.

Möglicherweise fühlen Sie sich unbehaglich gegenüber den Angehörigen des *eigenen Geschlechts*, die unter diesem Sonnenzeichen geboren sind, beneiden sie oder betrachten sie als Konkurrenten.

Die Aspekte zwischen den anderen Planeten, den Monden und den Aszendenten beider Horoskope werden die oben gegebene Beschreibung der Beziehung etwas verändern (im negativen wie auch im positiven Sinn), doch werden sie die der 7:7-Sonnenzeichen-Kombination zugrunde liegende Wechselwirkung nicht entscheidend ändern.

Astrologische Fachausdrücke

Aspekte:	Entfernung zwischen zwei Gestirnen. *Konjunktion*: Zusammenkunft zweier Gestirne. Entfernung 0 Grad. *Sextil-Aspekt*: Abstand von 60 Grad (zweier Gestirne). *Trigonal-Aspekt*: Abstand von 120 Grad. *Quadrataspekt*: Abstand von 90 Grad. *Oppositionsaspekt*: Abstand von 180 Grad.
Aszendent:	Der aufsteigende Grad eines Zeichens am Ostpunkt des Horoskops zur Stunde der Geburt. *Deszendent*: Absteigender Grad.
Aura, Auren:	Ausstrahlung einer Persönlichkeit.
Charisma:	Wunderwirkung.
Dekanat:	Je zehn Grad eines Tierkreiszeichens.
Elementare Einteilung:	Der elementaren Einteilung des Tierkreises liegen die vier Elemente Feuer, Erde, Luft und Wasser zugrunde. Zu jedem Element gehören 3 Tierkreiszeichen, die im Abstand von 120 Grad (→ Aspekte, Trigonal-Aspekt) in Verbindung stehen. *Feuer-Element*: Widder, Löwe, Schütze *Erd-Element*: Stier, Jungfrau Steinbock *Luft-Element*: Zwillinge, Waage, Wassermann *Wasser-Element*: Krebs, Skorpion, Fische.
Esoterisch:	Mystisch,
Häuser:	die zwölf Einfluß-Sphären im Horoskop (auch Felder genannt).
Introversion:	Wirkung ins Seelische, Weg nach innen.
Karma:	Selbstgeschaffenes Schicksal.
Karmische Mission:	Die in diesem Leben gestellte Schicksalsaufgabe
Karmisches Rad:	→»Schicksalsrad«
Konjunktion:	→ Aspekte.
Mond-Zeichen:	Jenes Zeichen, in dem der Mond herrscht: Krebs.
Neptun-Aspekte:	Die Aspekte des Neptun zu anderen Gestirnen. Im negativen Aspekt Enttäuschungen / Täuschung.
Opposition:	→ Aspekte.
Planeteneinflüsse:	*Sonne*: Symbol für Geist, Individualität, Lebenskraft, Mann *Mond*: Symbol für Frau (auch Gattin/Mutter), ferner für Psyche, Unterbewußtsein.

Planeteneinflüsse: *(Fortsetzung)*	*Merkur*:	Verstand, Intellekt, Nervensystem, Vermittlung.
	Mars:	Wille, Energie, Aktivität, Kampf.
	Venus:	Liebe, Kunst, Ästhetik.
	Jupiter:	Harmonie, Gesetz, Religion, Expansion.
	Saturn:	Konzentration, Hemmung, Lebensernst, Arbeit.
	Uranus:	Wandlung, Umwälzung, Veränderung, Intuition.
	Neptun:	Beeinflußbarkeit, Empfänglichkeit, Künste, Täuschung, Illusion.
	Pluto:	Höhere Gewalt, Kollektiv, Zwang.
	Aszendent:	eigene Persönlichkeit, engere Umwelt, Körper

Polarität: Gegensätzliche Eigenschaften innerhalb eines Zeichens.

Promiskuität: Beziehungen mit verschiedenen, häufig wechselnden Partnern (im Sex).

Schicksalsrad: Horoskop mit den 12 Feldern; (auch: »Karmisches Rad«).

Sextil: → Aspekte.

Sonnenzeichen: Jenes Zeichen, in dem die Sonne herrscht: Löwe.

Sternzeichen: die zwölf Zeichen des Zodiaks von Widder bis Fische.

Tierkreis: je zwölf Abschnitte zu 30 Bogengraden, beginnend mit Widder bis Fische.

Trigon: → Aspekte.

Zodiak: Tierkreis (oder Zodiakus) Gürtel von zwölf Sternbildern, durch welche die scheinbare Jahresbahn der Sonne (oder Ekliptik) verläuft.